오버타임

오버타임

팬데믹과 기후위기의 시대, 더 적게 일하는 것이 바꿀 미래

초판 1쇄 발행 2021년 12월 7일

지은이 윌 스트런지·카일 루이스
옮긴이 성원

펴낸이 김진규
책임편집 어반
경영지원 정동윤

펴낸곳 (주)시프 | 출판등록 2021년 2월 15일(제2021-000035호)
주소 경기도 고양시 덕양구 권율대로668 티오피클래식 209-2호
전화 070-7576-1412
팩스 0303-3448-3388
이메일 seepbooks@naver.com

ISBN 979-11-975638-2-9 03300

팬데믹과 기후위기의 시대,
더 적게 일하는 것이 바꿀 미래

오버타임

윌 스트런지 · 카일 루이스 지음
성원 옮김

시프

차례

자본주의 그 자체만큼이나

오래된 새봄

서론

많은 사람들이 정상적이거나 자연스럽다고 생각하는 월요일부터 금요일까지의 주당 노동시간은 사실 사회적·역사적인 산물이며, 아직도 불균등하게 분배되어 있다. 세계 많은 지역의 노동자들은 헐값에 주 7일 동안 쉬지 않고 일한다. 많은 북반구 사람들이 누리는 자유시간은 19세기와 20세기 노동자들이 얻어낸 승리의 결과다. 1856년에 처음으로 하루 8시간의 노동시간을 쟁취한 것은 오스트레일리아 석공들이었다.[1] 제임스 스티븐스James Stephens와 그의 동료들은 날로 팽창하는 멜버른 공사 현장에 고용되어 하루 10시간 고된 일정에 시달렸고, 동료 건설노동자들과 만난 자리에서 '8시간 노동 시스템을 건설업계에 도입해야 할 때가 왔다'는 결론을 내렸다.[2] 하지만 말만으로는 이룰 수 없는 요구였다. 4월 21일, 스티븐스와 동료들은 멜버른 대학교에서 하던 작업을 중단했다. 벨베디어 호텔까지 행진하기 위해서였다. 행진 도중에 다른 건설노동자들을 더 많이 규합한 이들의 세 과시는 마침 한 호텔에서 열린 연회와 함께 마무리되었다. 이 연회에서 육체노동자들은 단체석에 앉아 마음껏 흥청댈 수 있었다. 지역 매체《헤럴드》의 보도에 따르면, 이들의 요구는 이후 몇 달에 걸친 고용주들과의 협상 끝에 수용되었다.

> (석공들이) 성공했다. 최소한 모든 건설노동에서 무리 없이 (하루 8시간 노동을) 시행하는 데 있어서만큼은. 고용주들은 요구에 항복하고 싸움을 하지 않을 (…) 필요가 있다는 것을 알게 되었다. 하루 10시간 노동에 대한 임금과 동일한 임금을 지불하는 데에도 동의했다고 우리는 믿는다.[3]

이 노동자들의 역사적 승리를 기리는 기념행사—처음에는 '8시간 노동 행진'이라고 알려졌던—는 95년간 거행되었고, 결국 국제 '노동절' 기념

행사로 통합되었다.

석공들의 사례는 역사상 노동시간을 둘러싼 다른 숱한 투쟁들과 함께 우리에게 적어도 두 가지 교훈을 준다. 첫째, 고된 노동으로부터의 자유는 그냥 주어지기 힘들다는 것. 요구하고 싸워서 쟁취해야 한다는 것. 둘째, 노동시간 단축이 어떤 자본주의 시대에서든, 어떤 고용형태에서든 일하는 사람들의 열망이라는 것. 당시 석공들에게는 긴장을 풀고, 사랑하는 이들과 시간을 보내고, 자신이 선택한 활동을 하고, 상사로부터의 자유를 확보하는 것이 인간으로서 본질적인 부분에 해당하는 것이 분명했다(지금 우리에게 분명한 만큼이나 말이다). 시간이 쌓이면 결국 인생이 되는 법이니까.

노동시간은 여전히 문제다

하지만 노동시간을 둘러싼 이 투쟁이 그저 과거지사만은 아니다. 주당 노동시간을 단축하기 위한 투쟁은 다시금 정치 의제로 떠올랐다. 최근 몇 년간 북반구 정치인들, 특히 미국의 알렉산드리아 오카시오-코르테스Alexandria Ocasio-Cortez 뉴욕주 의원, 핀란드의 산나 마린Sanna Marin 총리, 영국의 그림자내각 재무장관 존 맥도널John Mcdonnell, 뉴질랜드의 저신다 아던Jacinda Ardern 총리가 노동시간을 둘러싼 정치적 논쟁을 재점화한 것이다.[4] 독일의 IG메탈, 영국의 통신노조, 아일랜드의 [공공서비스 노조인] 포르사Forsa 같은 노동조합들은 코로나가 전 세계적으로 퍼져 대대적인 실업이 양산되기 전부터 노동시간 단축 캠페인을 한창 펼치고 있었다. 그리고 그 후 훨씬 많은 수의 노동조합들이 이 대열에 합류했다. 직원 수가 2000명인 일본 마이크로소프트에서부터[5] 런던에 있는 소규모 보드게임 회사에 이르기까지[6] 전 세계적으로 크고 작은 기업들이 직원들을 위해 임금 삭감 없이 주당 노동시간을 줄이고 있다. 주당 노동시간 단축은 더 이상 비주류 캠페인이 아니다. 지난 10년 동안 재개된 사회주의의 핵심 측면이다.

어떤 의미에서 노동시간에 대한 새로운 공적 관심은 별로 놀랍지 않다. 어쨌든 노동시간은 삶의 모든 면에서 구조를 결정하는 요인이니까. 모든 사회

구성원은 어떤 식으로든 매주 얼마나 오래 일할지를 고려해야 한다. 직장에 다니든, 자영업자이든, 가사 영역에서 부불노동을 하든. 지나치게 장시간 노동을 하든, 충분한 노동시간을 확보하지 못하든, 아예 일자리가 없든 말이다. 노동은 어린 시절에서부터 말년에 이르기까지 줄곧 우리 삶의 모든 부분을 규정하고 결정한다.

이 책에서 우리는 주로 취업employment을 조건으로, 그리고 북반구라는 맥락에서 노동시간에 대해 이야기할 것임을 미리 밝혀야 할 것 같다. 물론 다른 형태의 노동이나 남반구에서의 노동이 이 논의에서 중요하지 않다는 의미가 아니다. 오히려 그 반대다. 실제로 뒤에 이어질 내용에서 우리는 부불노동과 '그림자노동'을 다양한 지점에서 우리 논의에 통합하고 있고, 우리가 여기서 할 수 있는 것보다 훨씬 많은 분석을 담고 있는, 글로벌 공급사슬을 이해하기 위한 이론적·경험적 자원들을 언급한다. 노예제 같은 인간 활동의 다른 상품화 형태들은 임금노동과 함께 오랫동안 자본주의 경제에 동력을 공급했다. 때로 동일한 노동현장이라는 물리적으로 같은 공간에서, 또는 대륙은 다를지라도 같은 가치사슬 안에서 같은 시간을 공유하며 말이다.[7] 우리는 또한 오늘날까지 전 세계에 노예제가 아직 남아 있다는 사실을 망각하거나 무시해서는 안 될 것이다.[8]

오늘날 노동의 위기

지금의 주당 노동시간 단축 캠페인은 노동시장의 질적 저하라는 맥락에서 새로운 동력을 얻었다. 직장에서의 '고된 일'이 전에는 노동자의 상황을 확실하게 개선시켜주었는지 몰라도 이제는 장담할 수가 없다. 지난 수십 년간 국민소득 가운데 임금 비중은 낮아진 반면 자본이 차지하는 비중은 커졌다. 이는 주식이나 주택 같은 자산을 소유하기만 해도 경제적 성공을 이루기 더 쉽다는 뜻이다. 생활비를 '일해서 번다'는 표현은 시대에 뒤떨어진 말이다.

연구에 따르면 오랜 시간 전 세계에 걸쳐 자본 비중이 증가하는 것(과 노동 비중이 감소하는 것)은 개인소득 분배라는 측면에서 더 큰 불평등과 연결되어 있다.[9] 지금 영국에서는 인구의 약 12%가 사적 부의 50%를 소유하고 있다.[10] 일각에서 이런 신경제를 '불로소득rentier 자본주의'라고 부르는 것도 놀랍지 않다. 이런 자본주의하에서는 재산을 물려받았거나 단순히 자산을 소유한 사람들이 잘살고, 다수에게 "노동은 별다른 보상을 주지 못한다."[11]

노동자들 역시 전보다 더 교묘한 방식으로 부당한 대우를 받고 있다. 이들은 엄청나게 많은 무보수 초과노동을 하고,[12] 불과 10년 전보다도 더 먼 거리를 통근하고 있으며,[13] 지난 10여 년간에 비해 실질 임금이 줄어들고 있고,[14] 상당 수준의 노동빈곤에 시달린다.[15] 금세기 들어 불안정한 일자리, 즉 안정적인 생계를 보장해줄 수 없는 일자리가 급격하게 늘어났다. 2017년에 체결된 [정해진 최소 노동시간이 전혀 없는] 제로노동시간 계약은 100만여 건에 달했고, 가짜 '자영업'이 노동자로부터 기본권을 박탈하고 있다.[16] 코로나 19가 이런 '비표준' 노동의 증가세를 악화시키기만 할 것이라는 조짐들도 있다. 불량 고용주로 악명 높은 [영국의 음식배달업체] 딜리버루와 아마존은 새로운 일자리 수천 개를 만들어냈다고 선언했는데, 이것이 가능했던 이유 중 하나는 시내 소매점과 식품점들이 봉쇄 조치로 문을 닫았기 때문이다.[17] 어떤 사람들에게는 변변한 일자리를 구하기가 하늘의 별 따기인데 다른 한편에서는 노동으로 인한 번아웃이 넘쳐난다. 영국 정부가 내놓은 통계에 따르면 영국 내 전체 병가의 절반가량이 노동 관련 스트레스, 불안, 우울 때문이며, 이런 문제가 불거지는 가장 큰 이유는 업무 부하다.[18]

전통적으로 노동의 질적 저하를 막고 노동조건 개선을 요구하는 것은 조직된 노동의 역할이었다. 노동시간이 상당히 감축된 시기—영국과 미국 모두에서 양차대전 사이—에 노동조합의 조직률이 높고 급진적인 요구를 했다는 사실은 우연이 아니다. 1980년대에 북반구 많은 지역에서 노동자의 집단적 힘을 분쇄하기 위한 정치적 프로젝트가 이어졌다. 이후 노동자들이 노동시장이 어떤 식으로, 누구의 이익에 따라 운영될지를 놓고 발언권을 행사할 수 있었던 공간이 크게 줄어들었다. 영국 내에서는 고용법(1980년)과 노동조합법(1984년) 같은 일련의 퇴행적인 노동입법과, 우버와 딜리버루 같은 플랫폼들이 자영업의 허울을 빌려 벌이고 있는 사업을 단속하지 못하는 현 상황

때문에 진보적인 노동시장 개혁이 무력화됐다. 이는 노동시간 단축을 외치던 전통적인 노동조합의 요구가 점점 주류 의제에서 멀어진다는 것을 의미했다.

영국은 이제 유럽에서 단체교섭 적용률이 두 번째로 낮은 나라로 추정된다.[19] 1960~1970년대에는 70% 이상이었던 적용률이 이제는 20% 정도밖에 안 될 수 있다.[20] 이러한 감소를 크게 부추긴 것은 적대적인 정책이었다. 토니 블레어조차 영국의 노동조합법이 "서구 세계에서 가장 제약이 많다"고 말한 적이 있을 정도다.[21]

요컨대 현대의 노동—특히 미국과 영국에서 두드러지기는 하지만 그렇다고 해서 두 나라에 국한된 문제는 아니다—은 노동조건과 가능한 일자리의 유형, 그리고 노동자가 일터에서 행사할 수 있는 의사결정권이라는 측면에서 새로운 저점에 도달했다. 어쩌면 이런 의미에서 우리는 프리드리히 엥겔스의 1845년 저작《영국노동계급의 상황》에 다시 가까워졌는지도 모른다. 빅토리아 시대 잉글랜드 노동계급의 극단적인 빈곤과 사회적 박탈에 대한 충격적인 연구서인 이 책은 2018년 영국의 극단적인 빈곤과 인권 상황을 살펴본 유엔보고서의 내용과 비극적일 정도로 똑같이 포개진다. 이 보고서를 작성한 필립 올스턴Philip Alston 교수는 노동시장과 그것을 떠받치는 사회안전 시스템이 어떻게 극단적인 수준의 빈곤과 사회적 박탈로 귀결되었는지 분명하게 설명했다.

> 인구의 5분의 1인 1400만 명이 빈곤한 생활을 한다. 이 중 400만 명은 빈곤선보다 50% 이상 아래에 있고, 150만 명은 기초적인 필수요건을 감당할 수 없는 극빈층이다. 널리 평판 있는 국가세입연구소Institute for Fiscal Studies는 2015년부터 2022년 사이에 아동 빈곤이 7% 증가할 것으로 예측한다. 다양한 자료들 또한 아동 빈곤률이 무려 40%에 달할 것으로 예측하고 있다. 21세기 영국에서 거의 어린이 두 명 중 한 명 꼴로 빈곤한 상태라는 것은 수치일 뿐만 아니라 사회적 재앙과 경제적 재난의 혼연일체다.[22]

빅토리아 시대 영국인들의 삶에 대한 엥겔스의 묘사가 드러내 보이는 많은 참혹한 이야기들은 (수당 지급 방식인) 유니버설크레딧Universal Credit으로 대표

되는 복지 '지원'과 최저임금에 대한 올스턴의 설명에서 그대로 되풀이된다. 21세기 영국에서 노동은 시민들에게 자유와 안전을 제공하고 빈곤을 경감하는 것이 아니라 불안한 계약과 징벌적 감시, 삶의 기본적인 필요를 충족시키지 못하는 임금으로 정의된다.

> 낮은 임금, 불안한 일자리, 제로시간 계약은 실업률이 기록적인 수준임에도 불구하고 여전히 1400만 명이 빈곤 상태임을 의미한다. (…) 한 목사는 "우리 푸드뱅크를 이용하는 사람들 중 다수가 일을 한다. (…) 간호사들과 교사들이 푸드뱅크를 찾고 있다"고 말했다.[23]

이런 상황에서 과로는 생존을 위한 필수조건이 되어 영국은 유럽에서 세 번째로 노동시간이 길다.[24] 우리가 일에 헌신하는 데 있어 많은 부분은 노동을 그 자체로 선일 뿐만 아니라 개인의 건강 및 사회적 안녕의 조건으로 인식하는 어떤 문화적 규범과 제한된 정치적 상상에 좌우된다. 데이비드 프레인David Frayne은 이를 '취업 독단론'이라고 부른다. 취업과 양호한 건강 사이의 관계가 당연하거나 인간 번성에 본질적이라고 볼 때가 많기 때문이다.[25] 하지만 역사에 비추어 볼 때 분명한 것은, 의미 있는 수준의 집단적 조직력과 정치적 규제가 없다면 **노동시장은 모두에게 경제적 안정과 자유를 보장하는 튼실한 메커니즘을 만들어내지 못한다는 사실이다.**

따라서 우리는 단순히 취업만을 개인의 건강과 경제적 안정을 위한 충분조건으로 간주할 수 없음을 인식해야 한다. 모든 인간이 협력하고, 자신의 시간을 스스로 조직하고, 존엄함이라는 감각을 만끽하고, 안전하고 확실한 환경에서 생활하는 데 필요한 물질적 수단을 확보할 수 있게 해주는 사회적 조건을 노동을 통해 얻을 수 있을 때만, 노동이 인간의 번영을 거드는 역할을 충실하게 수행한다고 간주해야 할 것이다.

'다多배당금' 정책

뤗허르 브레흐만Rutger Bregman은 노동시간 단축을 지지하면서 도발적인 질문을 던진다. "적게 일하기가 실제로 어떤 문제를 해결할까? 어쩌면 이렇게 바꿔 묻는 것이 더 나을지도 모르겠다. 적게 일하는 것이 해결하지 못하는 문제가 있을까?"[26] 이 책 전반에서 우리는 주당 노동시간 단축이 어떻게 우리 사회에 다채로운 이익을 가져오게 될지를 중점적으로 다루고자 한다. 주당 노동시간 단축은 단지 노동에 대한 개입이 아니다. 지불노동과 부불노동, 주로 여성화된 가정 내 노동 분배를 평등하게 하는 데 도움이 된다는 점에서 페미니즘 사안이며, 친환경 정책이기도 하다. 적게 일함으로써 우리 경제의 급격한 탈탄소화를 위한 기둥 하나를 마련할 수 있고, 이는 다른 숱한 영역에도 지대한 영향을 미칠 수 있기 때문이다.

19세기와 20세기 초 석공들과 의류공장 노동자의 사례는 자본주의에서 노동시간을 둘러싼 투쟁이 일상적임을 보여준다. 또한 노동시간 단축 투쟁에서의 승리는 지금 우리가 당연시하는 장기적인 영향을 가져올 수 있다는 점 역시 보여준다. 이제 자유를 위한 똑같은 투쟁이 21세기 노동자들—행정보조, 콜센터 노동자, 교사, 돌봄노동자, 창고 직원, 그리고 여전히 제조업에서 일하는 이들 앞에 놓여 있다.

미국에서 루스벨트 대통령의 뉴딜 정책이

노동시간 한도를 법으로 제정한 지 80여 년, 영국이 주당 40시간 노동시간을 새로운 표준으로 확립한 지 70여 년이 흘렀다. 그 이후 세상이 급변했다. 새로운 테크놀로지와 비즈니스 전략들이 우리의 일과 삶에 막강한 영향력을 행사하고, 경제 이데올로기들이 차례로 밀려왔다가 밀려갔지만 노동시간은 대체로 그대로이거나 심지어 늘어났다.

진보의 이 같은 오랜 지연은 노동시간 단축이 자동화가 마법을 부리거나 거대 산업이 총대를 멘 가운데 자연스럽게 찾아오는 것이 아님을 보여준다. 노동시간은 예나 지금이나 사회에서 부와 권력을 분배하는 것과 관련된 정치 문제다. 노동 방식의 성질이 일단 바뀌고(이 책이 기여하고자 하는 프로젝트이다) 경제의 **목적**에 대해 더 큰 의사결정권을 행사할 수 있게 되면 바로 그때 **어떻게**, 그리고 **얼마나 오래** 노동할 것인가라는 질문이 우리 앞에 놓인다.

노동이 우리 삶에 꾸준히 행사하는 지배력을 받아들여야 할까? 우리는 우리 자신을 위해 다르게 노동하는 방식, 좀 더 동등하게 노동하는 방식을 상상할 수 있을까? 무엇보다 중요하게는, 어떻게 그렇게

할 수 있을까? 뒤이은 장들에서는 노동보다 자유를, 일보다 삶을 우위에 놓기 위한 다음 단계를 밟고 다시 한 번 주당 노동시간을 단축할 때가 왔음을 주장할 것이다.

노동중독 사회에서 살아가기

1

움직이는 도구나 역축 같은 취급 속에 무지막지하게 착취당하면서 기진맥진한 한숨을 토해내는 노예, 땅에 단단히 매여 평생 주인의 영토에서 벗어나지 못하는 죄수 신세로 주인의 욕망이든 분노든 온갖 변덕을 받아내야 하는 중세 농노, 팔 것이라고는 자기 노동력밖에 없어 남성성을 포장지 삼아 세상 시장에다 그것을 꿀꿀이죽 한 그릇에 내다 파는 현대의 임금 노예. 하나하나 필연적이고 불가피했던 이 세 단계의 노예 상태는 노예제의 가능성을 소진시킬 것이고, 그러면 마침내 인류는 비참한 최후를 맞게 될 금수로서가 아니라 진정 인간으로서 살아갈 의향과 여유를 갖게 될 것이다.[1]

1912년 영국 노동운동이 절정에 달했을 때 사우스웨일즈광부비공식개혁위원회Unofficial Reform Committee of the South Wales Miners는 광부이자 노조 지도자 노아 아블릿Noah Ablett, A. J. 쿡A. J. Cook, 윌리엄 헨리 메인워링William Henry Mainwaring 등의 저자들이 광산업의 향후 발전 경로로 여겼던 모습을 개괄한 강력한 선언문을 발표했다. 이 선언문에는 100여 년이 지난 지금까지도 노역에서 벗어난 세상에 대한 우리 염원을 자극할 수 있는 결의와 유토피아적인 희망이 담겨 있다. 하지만 여기에는 시대착오적으로 느껴질 수 있는 놀라운 면이 하나 있다. 마르크스주의와 신디칼리즘을 패기 있게 혼합한 이 조직은 단순히 더 **나은** 일자리를 요구하는 것이 아니다. 이들은 **아예** 더 이상 임금을 위해 일할 필요가 없는 세상을 요구한다.

400여 년 전 자본주의가 등장했을 때부터 자유시간을 위한 투쟁은 항상 존재했다. 하지만 어째서일까? 어째서 시간이 그렇게까지 중요한 갈등과 협상과 논쟁의 영역인 걸까? 이에 대한 대답은 상당 부분 우리 경제가 가장 기본적인 수준에서 기능하는 방식에 있다. 우리는 더 이상 혹독한 노동조건—여기에 수반되는 끝없이 이어지는 기나긴 노동시간과 함께—의 전통적인 이미지가 발원한 에릭 홉스봄의 '자본의 시대'에 살고 있지 않다. 하지만 시간, 시간의 부족은 막대한 국부가 쌓이고 경이로운 테크놀로지가 지배하는 세상에서도 여전히 중요한 문제로 남아 있다. 노동은 억센 손아귀로 우리를 조여온다. 취업 자격을 갖춰야 한다고 닦달하는 학교에서부터 당신이 출근했을 때 관리자가 당신에게 행사하는 권력에 이르기까지. 주말에도 답장을 보내야 하는 이메일에서부터 끊임없는 구직 활동과 스펙 쌓기에 이르기까지. 왜 이토록 많은 시간을 고용에 빼앗기고 있는지, 그리고 근무 중일 때 노동시간의 본질은 무엇인지에 대한 질문은 어째서 온갖 종류의 노동자들이 역사 속에서 주당 노동시간 길이를 놓고 투쟁해왔는지를 이해하는 데 도움을 준다.[2]

시간, 자유, 노동

시간은 곧 자유다. 더 정확히 말하면 시간은

자유를 얻는 데 필요한 토대다. 몸과 마음을 움직여 잠재력을 실현할 시간이 없으면 우리는 우리 자신의 자유의지에 따라 하고 싶은 일들을 **할** 수 없다. 물론 생존을 위해 해야만 하는 일상적인 일들이 있다. 먹기, 자기 등 재생산에 관련된 기능을 하는 일들 말이다. 하지만 바꿔 말하면 생존에 필요한 시간 너머에 자유의 시간이 놓여 있고, 이는 궁극적으로 우리에게 가장 중요한 시간이다.

하지만 자본주의 안에서 시간은 곧 돈이기도 하다. 사람들은 시간의 양에 따라 임금이라는 형태로 돈을 받고, 고용주는 돈을 지불한 이 시간 안에 최대한 많은 생산물이 나오기를 기대한다. 이런 점에서 시간은 수익성 있는 비즈니스를 가동하는 데 있어 또 다른 생산비용이다.

자본주의를 가장 날카롭게 관찰한 인물 중 하나인 마르크스가 관련자들의 서로 다른 이해관계가 드러나는 지점으로 보았던 것이 바로 시간의 이런 측면, 즉 한편으로는 인간 자유의 토대인 시간과 다른 한편으로는 생산과 이윤의 척도인 시간 사이의 대립이다. 노동자 입장에서 고용은 자신의(그리고 어쩌면 자기

가족의) 필요를 충족시키는 데 필요한 임금을 마련하는 수단이다. 나아가 임금이 이해관계를 추구하고 '삶을 살아가는' 능력을 제공해주기를 기대할 수도 있다. 그렇다면 노동자로서 우리의 이해관계는 임금을 받는 데 있다. 생필품뿐만 아니라 여가를 위해, 사회적 어울림을 위해, 마르크스가 말한 '지적 필요'를 위해 바라는 상품을 구매할 수 있는 현금 말이다. 하지만 여기서 문제는 우리가 노동을 통해 성취하고자 하는 삶을 누리기 위해서도 시간이 필요한데, 직장 상사들 역시 바로 이 삶의 시간을 손에 넣고자 한다는 데 있다.

고용자의 관점에서[3] 노동자는 생산과정에서 맡은 역할을 수행하기 위해 고용된다. 즉 노동자는 이윤을 위해 생산활동을 하고 또 그것을 착착 계속해나가야 한다. 이것이 고용자가 회사의 생산과정과 투자, 직원들의 시간 및 급여(이제는 생산의 한 요소일 뿐인)를 바라보는 기본적이고도 중요한 틀이다. 자본주의 경제 안에서 모든 시간은 잠재적인 생산시간이다. 기업인으로 성공하고 싶다면 시간은 항상 돈으로 전환되어야 하고 또 그럴 수 있다. 마르크스에 따르면

(자본축적의 관점에서) 노동자는 일생 동안 노동력일 뿐이며, 따라서 그의 모든 처분 가능한 시간은 본성에 의해, 적당한 노동시간에 의해 자본의 자기 가치 실현에 투입되어야 한다. 교육을 위한 시간, 지적 개발을 위한 시간, 사회적 기능을 충족하기 위한 시간, 사회적 교류를 위한 시간, 심신의 활력이 자유롭게 노니는 시간, 심지어 일요일의 휴식시간마저도. 이런 얼빠진 일이 있나![4]

여기서 우리는 상충하는 두 가지 요구가 있음을 알 수 있다. 하나는 일에서 벗어나 더 많은 자유시간을 누리고자 하는 노동자의 요구이며, 다른 하나는 노동자로부터 더 많은 노동을 쥐어짜기 위해 노동시간을 늘리고자 하는 기업주의 압력이다. 시간을 둘러싼 이 투쟁은 산업혁명기 대규모 공장 및 창고들의 단순한 잔여물이 아니며, 고용 안에 태생적으로 내재하여 오늘날까지 다양한 형태로 이어지고 있다. 우리가 생존을 위해 노동하는 동안 이 투쟁은 매일 펼쳐진다. 점심시간을 단속하고, 모두가 목표량을 달성하고 있다는 것, '실적을 못 올리는' 사람이 아무도 없다는 것을 확인하고, 직원들이 가볍게 수다를 떨거나 그들 각자의 속도로 일하는 모습을 노려보는 상사를 겪어보지 않은 사람이 있을까? 마찬가지로 업무 중에 소셜미디어를 들여다보거나, 점심시간을 5분 더 쓰거나, 아침에만 네 번째 차를 타러 자리를 비워보지 않은 사람이 있을까? 이런 흔해빠진 경험들은 분명 악마나 비도덕적인 개인—'나쁜 상사' 대 '게으름뱅이'—의 실증이 아니다. 한쪽은 시간을 통제하려는 구조적 압력이 표현된 것이며, 한쪽은 이윤에 따라 움직이는 시스템의 압력에 통제당하지 않으려는 정반대의 욕망이 표현된 것일 뿐이다. 마르크스의 표현을 빌리자면

> 이것이 좋든 나쁘든 의지나 개별 자본가에게 달린 문제가 아니라는 건 분명하다. 자유로운 경쟁하에서 자본주의적 생산의 내재적 법칙들은 개별 자본가 외부의 강제력으로서 개별 자본가와 대면한다.[5]

여기서 말하는 경쟁의 '내재적 법칙들' 중 하나는 기업 입장에서 노동비용은 낮게, 산출물은 높게 유지해야 한다는 꾸준한 압력이다. 노동시간, 아니 더

정확히 말하면 이 시나리오에서는 인간을 노동에 **밀어넣을 수 있는** 시간이 비즈니스 계산에 핵심이다.

노동중독 사회

노동시간은 자본주의 작동에 워낙 중요해서, 마르크스는《자본론》의 한 장 전체를 19세기 잉글랜드에서 노동시간을 감축하기 위한 노동자들의 투쟁에 할애했다. 그는 당대 산업 분쟁 보고서를 활용해 고용관계의 본성을 고찰했고, 노동시간 길이는 다양한 요청들이 사회적 관계로 굳어짐으로써 결정되기 때문에 가변성을 띤다는 점을 강조했다. 마르크스는 하루 노동시간이 오직 생활에 필요한 모든 것을 생산하는 정도의 길이인 상황을 상상해보라며 우리를 부추긴다. 실제로 인류 역사에서 수십만 년에 달하는 오랜 기간 동안 먹을 것과 그 외 생계수단을 해결하는 데에는 주당 약 15~17시간 정도가 걸렸다.[6] 나머지 시간은 다른 소일거리에 쓰였으리라.

자본이 지배하기 전이었던 불과 수백 년 전

만 해도 많은 이들의 생존은 주로 해야 하는 노동의 양에 의해 결정됐다. 농노들은 그들 자신과 가족이 먹을 것과 입을 것을 마련하기 위해 공유지를 경작했다. 시계를 중심으로 돌아가는 우리 노동생활의 관점에서 볼 때, 중세시대 일과 시간의 관계는 분간하기 어렵다. 사람들은 공유지 안에서 필요한 만큼 고된 노동을 하거나, 그들 각자에게 주어진 땅뙈기에 대한 답례로 주인에게 잉여를 제공했다. 노동은 계약된 시간보다는 계절의 순환과 공물 및 소유권을 둘러싼 전통적인 위계에 아주 많은 지배를 받았다.[7]

물론 여기서 장밋빛 환상을 품어서는 안 된다. 전자본주의 시대 생활과 노동은 이상과는 거리가 멀었다. 사회가 고용자의 시계에 좌우되지는 않았지만 가부장적 친족 구조며 그 밖에 바꿀 수 없어 보이는 관습 같은 것들에 지배되었던 것이다. "길드 장인은 일꾼을, 귀족은 농노를, 남성은 여성을, 노인은 젊은이를 착취했다."[8]

노동생산성이 경제의 핵심 항목으로 자리잡자 이런 낡은 관계는 고용자-피고용자 관계로 대체되거나 (아니면 적어도) 포섭되었다. 이렇게 해서 자본주의—가치 실현(궁극적으로는 이윤)을 위한 상품생산 시스템—가 탄생했다. 이 과정에서 토지나 부동산을 소유한 사람들과, 다른 사람들에게 제공 가능한 노동력밖에 소유하지 못한 사람들 간의 분열이 초래되었다. 라즈 파텔Raj Patel과 제이슨 무어Jason Moore는 이렇게 표현한다.

> 근대 노동은 인클로저를 통해 유럽에서 탄생했다. 이 다채로운 과정은 인간이 나머지 자연과 맺는 관계, 하루하루를 보내는 방식, 심지어는 시간을 이해하는 방식까지 탈바꿈했다.[9]

토지를 빼앗긴 이들 대다수에게 시장—임금노동시장을 포함해서—이 일터가 되었다. 동시에 국가는 게으른 자와 부랑자를 처벌하기 시작했다.[10] 이 과정에서 생존 수단에 접근할 기회가 박탈되었고 빈곤층이 양산되었다. 일자리를 필요로 하는 저렴한 노동력이 창출됨에 따라 고용자들에게는 유리한 상황이 펼쳐졌다.[11] 사람들이 생계를 위해 정기적인 급여를 받아가며 일하게 만드는 능력은, 고용자들에게 노동자를 육체적 한계까지 밀어붙일 수 있는 가능성을 열어주었다. 주당 노동시간을 기진맥진해질 정도로 길게 연장했을 뿐만 아니라 어린아이들까지 동원해 노동력을 확장한 것이다. 여전히 우리가 살아가고 있는 노동중독 사회는 이렇게 탄생했다.

궁극적으로 노동에 대한 마르크스의 비평은 근대 사회가 개인에게 가하는 억압의 형태들과 인간 자유에 대한 관심에서 비롯된 것이다. 임금노동의 출현에 대한 그의 설명은 이윤 논리가 임금시장에 참여할 수밖에 없는 모든 사람의 삶을 좌우한다는 기본적인 사실과 그 더러운 기원에 대한 주의를 환기시킨다. 근본적인 의미에서 고용은 개인의 자유와 대립한다. 이는 우리 자신을 일정 시간 동안 어떤 사람이나 회사에 대여한다는 의미이기 때문이다.

마르크스는 종종 대단히 아이러니한 의미를 담아 '자유로운 노동자'를 언급했다. 노동자가 된다는 것의 이중적 특징을 포착하기 위해서였다. 당신은 원하는 고용자에게 스스로를 판매하여 일하겠다는 '선택'을 할 수 있는 한 '자유'롭다. 그리고 노동할 수 있는 능력 이외에는 아무것도(또는 거의 아무것도) 소유하지 않는 한 물질로부터 '자유'롭다. 서글프게도 마르크스가 서술한 프롤레타리아트의 상황은 오늘날에도 여전히 적절해 보인다. 영국인 네 명 중 한 명은 은행 잔고가 한 푼도 없어 날품팔이로 하루하루 근근이 살아가고 있다.[12]

물론 두 자유 중 어느 것도 자신의 시간을 자기 의지대로 사용할 자유는 아니다. 바로 이 때문에 결국 물려받은 재산이나 보유한 자산으로 먹고살 수 없는 우리 대다수에게는 생계를 위한 일자리가 필요하다(일이 없으면 우리는 '자유롭게' 굶주리게 된다).

작업장의 폭정과 인간의 빈곤화

많은 사회이론가들은 노동시장의 논리, 그리고 그것이 우리에게 강요하는 자유의 부재를 넘어, 모두가 너무도 잘 아는 마르크스의 '숨겨진 집', 즉 작업장에 면밀한 주의를 기울일 것을 촉구해왔다. 작업장이 자유의 영역이 아니라는 사실을 받아들이기 위해 마르크스주의자가 되어야 할 필요는 없다. 그렇다면 어째서 우리는 그곳에서 그 많은 시간을 보내고자 하는 걸까?

정치철학자 엘리자베스 앤더슨Elizabeth Anderson은 국가가 행사하는 공적 거버넌스와 기업 관리자들이 행사하는 '사적 통치'를 비교한다.[13] 그는 이 비교를 활용해 우리가 노동자로서 (상대적으로 제어되지 않은) 상사의 지배에 얼마나 많이 종속되는지에 대한 숱한 불편한 진실을 조명한다. 국가가 우리 삶의 내밀한 측면을 그렇게 비민주적으로 일일이 통제한다면 (그것을 알아차린 한) 참지 않을 텐데, 어째서 고용자가 그렇게 할 때는 당연하게 여겨야 하는가?

그런데 그런 일이 바로 우리가 '사무실'이라고 부르는 작은 부자유의 섬에서 매일 벌어진다. 우리 지도자(관리인)들은 부하 직원들이 아닌 최고경영자나 이사진에 의해 선발된다. 우리는 무엇을 입을 수 있는지, 머리 모양은 어때해야 하는지, 누구와 이야기 나눌 수 있는지를 지시받는다. 직장에서 하는 통화나 이메일 연락은 감시 대상일 수 있다는 고지를 받는다. 많은 경우 퇴근 후에 하는 정치 행위마저 상사에게 제재의 빌미를 주는 실책이 될 수 있다. 제약이 심한 이런 체제가 견디기 힘들면 그만두면 된다고 말할 수도 있다. 하지만 그만둔 뒤엔 입맛이 조금 다를 뿐인 또 다른 체제(직장)에 의탁하거나 실업이라는 고난을 감내하는 수밖에 없다.

사적 통치의 세계에서는 직장 밖 생활마저도 감시 대상이 될 수 있다. 터무니없는 유언비어라고? 그렇지 않다. 헨리 포드는 직원들의 집 안 청결도, 식습관, 음주 습관 등을 감시하기 위해 포드사 내에 '사회학 부서'를 만들어 전례를 남긴 것으로 유명하다.[14] 오늘날 이와 유사한 계획들을 쉽게 접할 수 있다. 가령 미국 고용주들은 부담적정보험법Affordable Care Act*에 따라 운동이나 금주를 처방하기도 하는 건강프로그램을 준수하지 않는 노동자들에게 불이익을 줄 수 있다.[15]

앤더슨이 주로 비판하는 대상은 다른 나라에 비해 고용자의 권력을 억제할 수 있는 보호 장치가 적은 미국 노동시장이다. 하지만 영국이라고 해서

* [옮긴이주] 흔히 오바마케어로 불리는 법안으로, 저소득층 대상 의료보험인 메디케이드의 확대를 골자로 삼는다.

사정이 훨씬 나은 것도 아니어서, 고용주와 관리자들이 직원들을 상대로 자행하는 사생활 침해나 다름없는 가혹한 조치들에 대한 이야기가 꾸준히 들려온다. 가령 영국 최대 유통업체 중 하나인 스포츠다이렉트Sports Direct는 교도소에서 사용하는 기법과 쉽게 혼동될 법한 한 무더기의 규율 조치를 취하는 것으로 악명 높다.[16] 한 잠입 조사에 따르면 철저한 알몸 수색, 확성기를 통해 더 열심히 일하라고 소리치는 '격려', 근태를 교정하기 위한 해고 위협이 모두 사용되었다. 이어진 의회 조사에서 이러한 관행은 '빅토리아 시대 구빈원'과 다를 바 없다는 비유가 나올 정도였다.[17] 이 같은 강력한 노동 통제에 대한 이야기들이 여러 일터, 특히 아마존 주문처리센터에서 꾸준히 나오고 있다.[18]

근대 노동의 압력, 속도, 감시는 필연적으로 노동자들에게 타격을 준다. 실제로 영국에서는 수십 년간 노동강도가 꾸준히 높아지는 추세다. 2017년 영국 노동자의 46%가 일터에서 '아주 열심히' 일하라는 요구를 받는다는 데 강하게 동의했다. 1992년에는 32% 정도가 여기에 동의했다.[19] 같은 연구에 따르면 여성의 55%, 남성의 47%가 '항상' 또는 '자주' 진이 빠진 상태로 퇴근한다고 응답했다. 간호사와 교사의 경우 이렇게 응답한 비율이 훨씬 높다.[20] 영국 보건안전청(HSE)에 따르면 2019/2020년 업무에 관련된 스트레스, 우울, 불안으로 인해 유실된 노동시간은 무려 1790만 시간을 기록했다. 1280만 시간을 기록했던 2018년에 비해 40%나 증가한 것이다. 이런 질환들을 유발한 지배적인 원인은 무엇이었을까? 업무 부하의 압력, 좀 더 구체적으로는 "빡빡한 일정, 지나치게 많은 업무 혹은 지나치게 큰 압박감"이었다.[21]

확실히 해두자면 이 모두가 전 세계적인 전염병이 영국의 작업장과 지역사회와 가정생활을 휩쓸기 **전에** 일어난 일이다. 코로나 이후 상황은 훨씬 심각해져서, 직장에서의 정신적 고통이 2017/2019년에 비해 49% 증가한 것으로 나타났다.[22]

이렇게 노동생활의 질이 하락하는 데에는 분명 노동시간이 일정한 역할을 하고 있다. 정신건강기금Mental Health Foundation이 실시한 한 연구에 따르면 코로나 확산기에 재택근무자는 월 평균 28시간 추가노동을 하고 있고, 이는 건강과 행복에 분명한 부정적인 영향을 미치는 것으로 나타났다.[23] 대규모 노동력이 원격근무로 전환하자 노동과 생활의 경계가 무너지기 시작했다. 사무실이 집 안 거실인 한, 퇴근이 더 이상 불가능해진 것이다. 반면 평상시 노동장소에 남아 있는 '핵심 노동자들'—가장 좋은 시절에도 가장 스트레스가 많은 몇몇 직종에서 일하는—의 경우에는 이제 일상적인 작업장의 압력에 심각한 감염 위험까지 추가된 상태다.

그렇지만 노동시간, 그리고 우리와 노동시간의 관계라는 문제는 전혀 새롭지 않고, 우리의 경제와 노동시장이 조직되는 방식과 무관하지도 않다. 우리를 기나긴 노동시간과 압박감 큰 일터에 묶어놓고, 빡빡한 경영 프로토콜과 극대화된 업무 부하에 시달리게 만드는 경제 시스템을 가장 먼저, 가장 날카롭게 비판한 사람 중 한 명이 마르크스였다. 노동시간은 19세기에 그러했듯이 오늘날 자본주의에서 삶의 핵심부를 관통한다. 시간은 돈이지만, 자유를 얻기 위한 귀중한 자원이기도 하다. 우리 자신을 위한 시간과 고용자를 위한 시간 사이의 줄다리기는 한 번도 종적을 감춘 적이 없다.

당연한 말이지만 이윤 동기가 기업 운영 방

식을 좌우하는 한, 생산성에 대한 부담은 시시각각 이윤 증대를 약속해야 하는 직원들이 짊어지게 된다. 노동이 직원들에게 가하는 부담을 알고, 이러한 부담을 보상하기 위해 주당 노동시간을 줄이거나 적절한 휴일 수당을 지급하는 등 실로 진보적인 기업들이 소수 존재하기는 하지만, 이러한 예는 아직 예외적인 극소수에 불과하다. 이는 우리의 노동 중심적인 라이프스타일과, 일상적인 번아웃과, 일자리를 찾지 못하면서도 생존을 위해 뭐라도 해야 하는 비참함 이면에 놓여 있는 피할 수 없는 진실이다.

테크놀로지가 해결해주지 못하는 것 2

인간의 선택은 충분히 명확하다. 힘들거나 더럽거나 위험한 노동, 혹은 끝없이 반복되는 판에 박힌 비인간적인 일을 오랫동안 해온 사람이라면 누구든 진정한 노동절감의 심화 발전을 바라 마지않을 것이다.[1]

케인스의 상식

자본주의의 노동시간을 둘러싼 논쟁에서 가장 유명한 인물 중 하나는 존 메이너드 케인스다. 경제학 이론 및 실천 내에 어마어마한 유산을 남겨 지금까지도 막강한 영향력을 자랑하는 케인스의 가장 기억할 만하고 자주 언급되는 텍스트 중 하나가 〈우리 손

자 세대의 경제적 가능성〉이다.[2]

이 글에서 케인스는 인류가 경제생활의 일부로서 테크놀로지를 항상 사용해왔지만 근대 들어 도구와 테크놀로지 혁신의 발전 속도가 기하급수적으로 빨라졌음을 강조했다. 새로운 테크놀로지가 등장하면서 인간의 노동시간은 엄청나게 줄어들었다. 1860년부터 1930년(케인스가 저술을 하고 있던) 사이 영국에서는 연평균 노동시간이 400시간 이상 줄어들었는데, 이는 주당 노동시간이 7시간 줄어든 것과 마찬가지였다.[3] 케인스에게 이러한 흐름이 의미하는 바는 분명했다. 성장이 이 속도로 지속될 경우 우리에게 필요한 물건을 생산하는 데 요구되는 인간의 시간은 점점 줄어들어서, 아마 2030년이면 주당 노동시간은 15시간 정도밖에 안 되리라.

케인스는 인간의 필요에 대한 해석을 바탕으로 이 예측을 내놓았다. 그는 필요는 두 범주로 구성된다고 생각했다. 첫째, '절대적인' 필요는 "동료 인간들이 어떤 상황에 놓여 있든" 모두에게 공통적인 기본선의 생필품을 일컫는다(가령 잠잘 곳, 음식 등). 둘째, "우월함의 욕구를 충족할" 필요가 있다. 케인스는 절대적인 필요는 쉽게 충족할 수 있다고 믿었다. "우리가 비경제적인 목적에 더 많은 에너지를 쏟고자 한다는 점에서 이런 필요들이 충족될 때, 어떤 지점은 금방, 어쩌면 우리 모두가 생각하는 것보다 훨씬 금방 도달할 수도 있다."[4]

인간의 기본적인 필요를 충족하고 노동할 이유가 줄어들리라는 전망은 케인스에게 철학적 영향을, 어쩌면 심지어 존재론적인 영향마저 미친 듯하다. 이는 "경제 문제가 (미래를 고려하면) **인류의 영구적인 문제가 아님**"을 시사한다.[5] 물질적 필요를 충족하기 위해 애쓸 필요가 없어지면 우리는 전적으로 새로운 선택 앞에 서게 된다. 그 시간에 뭘 해야 할까? 인간은 어떤 존재**여야** 할까?

케인스는 고대 그리스 윤리학에서 큰 영향을 받았다. 선, 그리고 선 자체를 추구하는 행위에 대한 생각은 플라톤의 영향을 받은 반면[6] 선한 삶에 대한 추구는 경제학이 일반적인 삶에 필요한 것들을 활용하는 것이라는 아리스토텔레스의 생각을 바탕에 두고 있었다.[7] 사실 케인스의 관점에서 경제학은 올바르게 사용되면 선하고 아름다운 삶으로 귀결된다. 케인스에게 있어서 적게 일하고 '선한 삶'을 만끽하는 것은 한정된 양의 물질적 필요가 충족된 삶이라는 개념과 연결되어 있다.

그러니까 케인스의 관점에 따르면 우리는 예술, 건축, 스포츠, 교육, 그 외 인간이 자신의 선한 삶에서 추구하고자 하는 여러 활동에 관련된 적절한 정책이나 형태의 투자와 함께 윤리학의 문제—경제 행위의 목적이 무엇인가—를 다시 화두로 삼아야 한다.

케인스의 실수: '경제적 합리성'을 오판하다

하지만 이 설명은 너무 빤한 질문을 답 없이 남겨둔다. 어째서 우리는 케인스가 예측한 노동시간 단축 근처에도 가지 못했는가? 영국에서는 아직도 주당 평균 40시간 이상 일하고 있음을 잊지 말자. 이는 케인스가 2030년에 도달하기를 바랐던 주당 15시간 노동과는 한참 떨어져 있다.[8]

경제성장과 이런 성장의 이익을 **분배**하는

문제에 대한 케인스의 낙관적 태도는 설명이 필요하다. 일단 그가 경제성장에 걸었던 믿음은 크게 어긋나지 않았다. 1930년대 초부터 2000년대 사이에 서유럽과 북아메리카에서는 1인당 GDP가 네 배 이상 증가했다.[9] 하지만 북반구 경제가 (케인스의 예측대로) 전보다 훨씬 부유해졌는데도 어째서 주당 노동시간은 이런 증가세에 맞춰 감소하지 않았을까? 이는 분배의 중요성을 분명히 보여준다. 그리고 바로 이 지점에서 케인스의 낙관론에 내재한 결함이 드러난다. 기실 19세기 말과 20세기 초 수십 년간 이루어진 생산성 증대와 노동시간 단축 간의 상관관계는 경제적 또는 자연적 '법칙'의 결과가 아니라, 노동시간 단축을 주장하는 노동조합과 공인들의 정치 캠페인이 힘을 얻게 된 결과였다.[10]

실제로 케인스가 그런 도발적인 글을 쓴 건 제1차 세계대전 이후 영국에서 노동조합 활동이 두드러졌던 시기의 끄트머리였다. 노동조합들은 임금 인상과 노동시간 단축을 위해 맹렬하게 운동을 벌이고 있었다. 파업은 흔한 일이었다.[11] 가장 대대적이고 또 가장 오래 지속된 노동시간 단축 중 하나는 1919년 수

년에 이은 노동조합과 노동자들의 투쟁이 거둔 결과였다.[12] 많은 노동자들의 주당 노동시간을 48시간으로 끌어내린 이 단축은 주기적으로 노조의 위력을 과시함으로써 격동의 1920년대에도 지속되었다.[13] 19세기 말과 20세기 초에 영국이 경험한 대대적인 노동시간 단축은 단지 경제 자체의 움직임이 아니라 이처럼 조직된 노동자들의 대단히 실제적인 활동을 통해 성취된 것이었다.

하지만 진보의 행진에 대한 케인스의 설명에서는 바로 이런 활동이 누락되어 있다. 이러한 생산성 또는 테크놀로지 중심 서사는 변화를 촉발하는 데 핵심적인 분배 정치를 종종 간과하곤 한다. (주로 노동조합이 가하는) 압력이 없을 때 주당 노동시간은 70시간에 달할 수도 있다. 경제학이 필요를 충족하는 훨씬 효율적인 방법을 다루는 것이라고 여기는 사고와는 반대로, 생산성 향상의 이득을 누가 가져갈 것인가를 놓고 벌어지는 이런 노동자 투쟁은 이윤과 끝없는 축적이 경제발전을 이끄는—경제적 합리성에 비해 더 강한 것은 아니더라도—막강한 견인력임을 보여준다.

물론, 필요를 점점 더 쉽게 충족시키는 능력에 대한 케인스의 직관은 틀리지 않았다. 노동절감 테크놀로지를 다른 방식으로 사용하는 것은 충분히 가능했고, 가능하다. 이 가능성이 우리 사회를 지배하는 '경제적 합리성'에 의해 제한된다 해도 말이다. 정치철학자 앙드레 고르André Gorz는 《자본주의, 사회주의, 생태주의》에서 이 긴장을 압축적으로 표현한다.

> 효율성과 경제적 합리화를 향한 질주의 중대한 결과는 우리가 노동에서 해방되고, 우리의 시간이 자유로워지고, 우리가 경제적 합리성이라는 규칙에서 풀려난다는 것이다. 이는 경제적 합리성이 평가하거나 의미를 부여할 능력이 없는 결과다.[14]

과학과 테크놀로지는 생산력을 향상시키고, 이는 노동으로부터 자유로워질 가능성의 문을 연다. 하지만 이런 유토피아적인 시나리오는 생산은 이윤을 위한 것이지 필요를 충족하기 위한 것이 아니라는 추론에 의해 배제된다. 기술이 뒷받침된 생산성은 이윤을 위한 생산성 너머의 세상을 암시한다.

이런 결의 주장은 다른 급진적인 사상가들에게도 동기를 부여한다. 가령 헤르베르트 마르쿠제Herbert Marcuse는 프로이트의 문명 이론을 재독해하면서 욕망의 억압과 노동시간 단축을 통한 욕망의 잠재적 해방을 논한다.

> 하루 노동시간 길이는 그 자체로 현실 원칙이 쾌락 원칙에 부과한 중요한 억압 요소 중 하나이므로, 너무 긴 노동시간이 인간의 발전을 가로막지 않는 정도까지 하루 노동시간을 단축하는 것은 자유의 첫 번째 전제조건이다.[15]

우리 자신에게 더 많은 시간을 선사할 경우 고용자로부터 해방되기만 하는 것이 아니라 새로운 형태의 욕망들이 무럭무럭 자라날 토대가 마련된다. 이러한 기획에서 테크놀로지가 가령 인간의 만족이라는 목표를 향하도록 조정될 경우 "생산성은 그 억압적인 힘을 잃고 개인의 필요를 자유롭게 발현시키지 않을 수 없게 된다."[16] 이는 (이제는 상당히 익숙한) 노동의 자동화와 우리의 시간 및 욕망의 해방에 따른 장점을 옹호하는 주장이다.[17] 생계비를 벌어야 한다는 필요성은 성인기 초부터 우리를 괴롭히기 시작해 노년까지 쭉 이어진다. 생산력의 방향을 수정해 이 부담을 더는 것은 문명사적 전환이 될 것이다.

그렇다면 본질적으로 케인스의 상식에서 핵심 요소 몇 가지는 고수할 가치가 있다. 새로운 테크놀로지를 통한 생산성 증대는 주당 노동시간 감소로 이어질 **수 있고 또 그래야 한다**는 것. 이는 빈곤과 궁핍을 대폭 줄일 뿐만 아니라 우리 자신에게 무엇이 가장 중요한지 질문을 던지고 그 답을 근거로 행동할 기회, 단순히 '생산성 있는 사람'이 되는 것 이상을 생각하고 궁극적으로는 단순히 필요를 충족하는 것보다 더 지평이 넓어진 완전한 존재가 될 기회 역시 선사할 것이다. 하지만 우리는 이런 이상적인 상황이 생산성 테크놀로지의 발전을 통해 저절로 등장하는 게 아니라 요구하고, 쟁취하고, 사회 전반에서 운동을 벌여야 한다는 교훈을 역사 속에서 도출해야 한다.[18]

인간의 잠재력 해방시키기

마르크스를 비롯해 분업을 다룬 숱한 분석가들이 주장했듯이, 자본주의하에서 대다수 직업은 인간의 기술을 업무에 유용한 정도까지만 발달시킨다. 우리는 이메일을 보내기 위해 문서 작성법을 배운다. 라테 만드는 법을 배우는 것은 판매를 위해서다. 대인 기술을 향상시키는 것은 주로 기업의 일상적인 운영을 원활하게 하기 위해서다. 노동자들에게 업무 시간에, 회사 재정을 이용해 그들 자신이 선택한 방법으로 스스로를 개발할 기회가 주어지는 건 믿을 수 없을 만큼 드문 일이다. 이런 일은 고소득 직종에서만 일어나는데, 주로 직원들이 일을 그만두지 않게 하거나 극심한 스트레스를 견디게 하기 위한 당근으로 제시될 뿐이다.

우리가 일생을 보내는 직장들은 자기개발 기회를 아주 제한적으로 허용하며, 워낙 판에 박혀서 누가 고용되든 해치울 수 있는 업무를 중심으로 짜여 있다. 자기실현을 위한 시간, 자기개발을 위한 시간은 다른 곳에 있다. 근대 경제학의 아버지로 널리 알려진

(그리고 꾸준히 오해에 시달리는) 애덤 스미스조차 분업과 표준화가 인간에게 무슨 짓을 하는지 매우 잘 알았다.[19] 그 덕분에 노동자로서 우리의 생산력이 향상되기는 했지만 "결과가 거의 항상 빤한 몇 가지 단순 공정을 수행하며 일생을 보낸 사람에게는 자신의 이해력을 발휘할 기회가 없다"고 스미스는 경고한다.[20]

노동시간 단축은 경제적 평등에 의미를 갖는 만큼 인간 잠재력에도 의미를 갖는다. 필요노동이 최소한으로 줄어든 문화의 거대한 잠재력을 알아본 사람들 가운데 가장 눈에 띈 인물은 영국 철학자 버트런드 러셀Bertrand Russell이었다.

> 지금까지도 노동에 진저리 치게 되는 건 대개 긴 노동시간 때문이다. 표준노동시간을 (가령) 4시간으로 단축한다면 지금은 부담으로 느껴지는 아주 많은 노동이 더 이상은 그렇게 느껴지지 않을 텐데, 이는 조직방식을 개선하고 과학적인 방법을 동원하면 충분히 가능하다.[21]

러셀은 당대 아나키즘과 사회주의 철학을

샅샅이 훑으면서 가장 유망한 아이디어만을 골라내고자 했다. 그는 노동시간 단축이 재정적으로 안전할 뿐만 아니라 인류에게 가장 해방적이고 바람직한 목표라고 생각했다. 노동시간을 줄이면 '빈둥'댈 것이라거나 심지어는 게으른 사회가 될 거라는—노동을 둘러싼 논의에 자주 등장하고, 노동윤리가 깊이 배어 있는—비난에 대해 러셀은 이렇게 말한다.

> 빈둥거리는 인간으로 분류될 만한 치들 중에는 예술가, 저술가, 추상적인 지적 활동에 전념하는 이들, 그러니까 살아 있을 때는 사회로부터 경멸받다가 죽고 나면 존경받는 모든 이가 포함될 것이다. (…) 얼마나 많은 시인들이 사재를 가진 이들이었는가를 아는 사람이라면, 가난 때문에 얼마나 많은 시적 재능이 개발되지 못했을지 실감할 수 있을 것이다. 부자들이 더 많은 시적 재능을 타고난다는 생각은 어처구니가 없을 테니 말이다.[22]

이는 자유시간이 오직 엘리트만 관심을 갖는 사치라는 주장에 대한 중요한 반박이다. 이는 주객

이 전도된 주장이지만 동시에 분명한 사실을 서술하고 있을 뿐이다. 가장 유명한 예술가, 작가, 지식인들은 집안이 부유한 경우가 많다. 이들은 재력 덕분에 매일 '밥벌이를 해야 하는' 고난을 멀리할 수 있었고, 더 창의적인 것을 추구하는 데 에너지를 쏟을 수 있었다. 러셀도 분명 알았으리라. 그 스스로가 (우리가 '그 자체로 목적'이라고 부를 만한) 인생의 이런 측면에 공간과 시간을 들여 즐길 수 있는 특권을 가진 소수였기 때문이다. 이 세상 다수에게 단지 무언가를 자유롭게 시도해 볼 만한 시간이나 물질적 안정이 없어 얼마나 많은 미술품, 음악, 시, 영화가 빛을 보지 못했는지는 상상에 맡길 뿐이다. 이런 가상의 시나리오에서 최소한 제2차 세계대전 이후부터 존재해왔고 실제로 존재하는 노동계급의 문화적 생산물은, 케인스가 꿈꾸었던 주 15시간 노동에 우리가 조금이라도 근접했더라면 가능했을 결과물의 극히 일부일 뿐이다.

창의적인, 또는 '비생산적인' 활동에 대한 러셀의 예찬은 자유시간의 중요성에 대한 더 넓은 철학적 지점을 가리킨다. 20세기 작가 조르주 바타유 Georges Bataille 역시 ―서구 자본주의와 소련 공산주의에서 공통적으로 나타난—노동 중심 사회가 삶에 질서를 부여하는 비합리적이고 근본적으로 **척박한** 방식을 개탄했다.[23] 우리는 생존하기 위해, 혹은 운이 좋다면 잉여를 축적해 저축을 하고 다시 이를 활용해 더 많은 축적을 이루어 더 오래 생존하기 위해 노동한다. 만약 사업을 꾸리거나 부동산을 소유할 정도로 운이 좋을 경우, 우리가 손에 넣은 모든 것은 타인의 노동과 지대를 통해 훨씬 더 많은 축적을 하기 위한 새로운 메커니즘이 된다.

하지만 바타유는 이 모든 축적의 목적이 무엇이냐고 묻는다. 즐거움을 위한 시간은 언제인가? 우리의 일상적인 활동은 언제 놀이에서처럼, 섹스에서처럼, 발견에서처럼, 그리고 음악과 영화와 다른 예술이 주는 즐거움에서처럼 그 자체로 목적일 수 있을까? 이런 (중단 없는 노동이라는 노예 상태와 반대되는) '자주적인' 활동에는 '엘리트주의적'이고 실없는 사치라는 낙인이, 아니면 그저 '시간 낭비'라는 낙인이 찍히곤 한다. 바타유에게 있어 이는 사실을 극단적으로 오해한 것이다. 한없는 노역을 넘어서는 삶의 근간을 만들지 못한 채 판에 박힌 듯 반복되는 근대 노동이야말로 무

의미하기 때문이다.

우리는 노동 중심 사회에서 노동이 공동체적 즐거움과, 육체적 에너지의 자유로운 소모와, 이제껏 알려지지 않았던 인간 역량에 대한 탐구와 경쟁하는 사회로 우선순위를 재조정할 필요가 있다.

사회주의자를 위한 질문

위에서 개괄한 산업사회에서 노동의 본질, 작업장의 지배 압력, 노동과정 표준화의 결과들은 우리로 하여금 잠시 멈춰 서서 자본주의의 대안으로 선호할 만한 것에는 어떤 것이 있는지 고민하게 만든다. **자본주의** 사회의 이런 제도적 특징들이 대안사회의 극복 노력 속에서 폐지되어야 한다면, 사회주의든 공산주의든 탈자본주의든 다른 어떤 이름으로 부르든 간에 그 대안사회는 단순히 경제와, 그 바탕에 있는 토지, 또는 경제 안에서 돌아가는 조직들을 소유한 사람을 바꾸는 데서 그치지 않는다. 단지 우리가 만드는 생산물을, 노동의 산물이 분배되는 방식을 바꾸는 데서 그치지도 않는다. 이런 변화는 반드시 수반되어야 하지만 말이다. 비자본주의 또는 탈자본주의 사회는 우리가 어떻게, 얼마나 오래 노동할지 역시 고민해야 할 것이다.

케이시 윅스Kathi Weeks는 이 주제에 대한 선구적인 저서《우리는 왜 이렇게 오래, 열심히 일하는가》에서 사회주의하에 강구된 정치 프로젝트들이 완전고용과 (그의 표현에 따르면) '생산력주의'를 넘어선 대안적 정치경제를 제공하는 데 빈번하게 실패했다고 설명한다. 윅스는 노동에 대한 전념을 인간의 근본 가치이자 목표로 공유하는, 탈자본주의 미래에 대한 두 가지 사회주의 전망을 지적한다.[24]

첫째는 자본주의하에서 개발된 생산력의 생산 잠재력을 완전히 실현하고자 하는 시도로 특징지어지는 '사회주의적 근대화'다.[25] 사회주의는 생산이 지금의 자본주의 계급이 아니라 노동자 손에 들어가게 하기 위해 소유와 통제를 둘러싼 경제적 관계를 민주화할 것이다. 그러나 소유가 (최소한 이론적으로는) 이윤을 위한 이윤 명령에서 해방되더라도 생산수단과 노동과정은 여전히 자본주의적 관계에서 태동한 산업

모델과 뒤얽혀 있을 것이다. 여기서 자본주의는 다양한 근대적 힘을 조직하는 비효율적인 방식으로, 따라서 생산수단의 집단적 전유를 통해 바로잡아야 할 것으로 인식된다.

자본주의적 노동 행위에 대한 레닌의 태도는 사회주의적 근대화의 성향을 잘 보여준다. 러시아 혁명 이전에 레닌은 작업장의 자본주의적(테일러주의적) 편성을 강도 높게 비판했다.[26] 1913년에 그는 이렇게 썼다.

> (테일러주의의) 목적은 전과 동일한 하루 노동시간 중에 세 배 더 많은 노동을 노동자에게서 쥐어짜내는 것이다. 모든 노동자의 체력은 무자비하게 갈취당하고, 모든 신경과 근육에너지가 노예노동자로부터 세 배 빠른 속도로 빠져나간다. (…) 자본주의 사회에서 테크놀로지 및 과학 영역의 발전이란 중노동을 쥐어짜는 방법의 발전일 뿐이다.[27]

하지만 1918년, 레닌은 혁명 이후 러시아라는 맥락 속에서 이 관점을 수정하며 공산당 기관지인

《프라우다》에 이렇게 썼다.

> 우리는 테일러 시스템의 모든 과학적이고 진보적인 제안을 시도해야 한다. (…) 자본주의의 모든 진보적 조치뿐만 아니라 테일러 시스템은 노동 중의 기계적인 동작 분석을 통해 가장 가치 있는 숱한 과학적 성취와 부르주아적 착취의 세련된 야만성을 결합시킨다.[28]

노동자에 대한 테일러주의적 통제는 사실 자본주의적 수단 또는 억압이지만, 레닌은 만일 "노동자 스스로가 적절하게 통제하고 신중하게 응용"한다면 사회주의의 핵심 기초가 될 수 있다고 말한다.[29] 레닌 같은 사회주의적 근대주의자들에게

> 사회주의는 자본주의가 낳은 것과 동일한 산업적 생산양식을 정치적으로 관리하고 경제적으로 규제하는 새로운 양식으로 이해된다. 이는 좀 더 정의로울 뿐만 아니라 산업 생산에 더 적합한 사회적 분배의 한 형태로 여겨진다.[30]

이러한 사회주의 전망에서 핵심적인 결함은 당연히 노동의 본질과 경험이 우리가 결별하고자 했던 자본주의 세상의 그것과 별로 다르지 않다는 데 있다. 닉 다이어-위데퍼드Nick Dyer-Witheford는 "레닌주의는 테일러주의적 분업, 산업적 기계화, '대중 조직'에 대한 강조가 특징인 (…) 자본주의 발전 단계의 특정 국면에 고도로 적응한—실상 치명적일 정도로 과잉 적응한—마르크스주의로 이해해야 한다"고 주장하기에 이른다.[31] 우리는 사회주의적 근대화 속에서 "경제적 근대화 과정을 자연 과정처럼 당연시하며 예찬하는, 부르주아 정치경제에서 발견할 수 있는 것과 유사한 노동윤리, 산업 진보, 경제성장에의 승인"을 발견한다.[32] 이런 사회주의 체제하에서 아무리 상사가 바뀌고 생산물이 달라진다 한들 노동 부하와 생산 압력, 노동시간이 자본주의에서와 다를 바 없다면 우리 삶이 정말 혁명적으로 바뀌었다고 말할 수 있을까?[33]

사회주의적 근대화가 소유관계와 노동자 착취에 초점을 맞춘다면 사회주의적 인본주의는 윅스가 경고한 생산력주의 담론의 또 다른 변형이다. 이는 자본주의적 노동조건하에서 개인은 인간 정수에서 소외

된다는 주장에서 출발한다. 이 관점은 종종 근대 테크놀로지의 역량을 거부하는데, (과학적 합리주의라는 허울을 쓴) 이런 모델 안에서 노동과정은 자본축적 논리와 단단히 밀착해 인간을 '본래적인' 노동 방식에서 소외시키기 때문이다.

대신에 노동은 (윅스가 설명하듯이) "개인의 창의적인 역량으로, 지금 우리는 멀어져 있지만 다시 회복해야 할 인간 정수로" 이해된다. 따라서 사회주의적 인본주의자들에게 자본주의의 병폐에 맞서기 위한 핵심 교의 중 하나는 더 많이 또는 더 적게 일하라가 아니라 더 제대로 일하라다. 사회주의의 목표는 사회적 가치의 중심축으로서 노동의 지위에 도전하는 것이 아니라 그 존엄성과 가치를 회복하는 것이어야 한다.[34]

윅스가 보기에 사회주의를 이런 식으로 독해할 경우 문제는 "너무 많은 자본주의의 구조와 가치", 다시 말해 노동이 최고 선이라고 주장하는 "노동 독단론을 유지시킨다"는 점이다.[35] 윅스는 사회주의적 인본주의에는 적게 일하자고 요구할 여지가 없음을 논증한다. 노동을 근본적으로 인간 정수의 일부로 이해하기 때문이다.

윅스가 그러했듯이 여기서 산업시대 이전의 일부 노동 형태, 즉 수공업적 생산에 대한 향수와 낭만화를 감지하는 것도 가능하다.[36] 노동을 통해 인간이 스스로와 재회하게 만들 경우 생산과 소비 사이의 고리가 닫히면서 농사짓기, 도구 제작 등 즉각적인 소비 대상을 생산하는 노동이 부상하게 된다. 이런 미래상이 실현 가능한지는 차치해두고, 이것이 오늘날 우리가 살아가고 있는 노동중독 사회에서 정말로 충분히 멀리 떨어진 사회인지 질문을 던져볼 수 있다.

> 소외되지 않은 노동을 보장하는 것은 오늘날의 자본주의 통제 양식에 맞서기 위한 적절한 전략이 아니다. 이는 노동의 형이상학과 도덕적 설교가 그토록 많은 영역에서 거대한 문화적 권위를 가진 상황에서는 너무나도 쉽게 포섭될 것이다.[37]

다시 말해서 자본주의에 대한 인본주의적 거부에서는 비판이 노동중독으로 뻗어나가지 못하고, 따라서 자유를 위해서는 하루 노동시간을 단축해야 한다는 마르크스의 주장을 제대로 설명하지 못하는 경우가 많다. 사회주의적 인본주의자들의 비전은 노동의 가치가 변혁 프로젝트의 핵심이라고 극찬함으로써 노동을 위한 노동에 면죄부를 주는 안락한—하지만 위험할 정도로 자본주의적인—틈새로 몸을 숨긴다.

(여러 사람이 있지만[38] 그중에서도) 윅스는 도덕과 규범과 신화를 동원해 노동을 강제하는 것은 자본주의 이데올로기만이 아님을 폭로한다. 노동에 대한 예찬은 사회주의의 여러 변형과 일부 '전통적인' 마르크스주의 담론 속에도 스며들어 있다. 이는 오늘날의 사회주의자들에게 질문을 던진다. 현재의 한계를 극복한 노동은 어떤 모습일까? 자본주의 경제의 노동과정에는 잘못된 것이 너무 많고, 그 중심부에는 노동시간의 양이 있다. 우리 자신을 위해 더 나은 일, 목적이 더 분명한 일을 요구하는 것은 문제 될 게 없지만, 산업/탈산업 노동 풍경이 우리에게 강요한 노동의 고난을 진정 과거지사로 만들고자 한다면 더 과감하고 근본적인 변화가 필요하다. 우리 제안은 노동시간 단축이 다음 경제 시스템의 일부가 되어야 한다는 것이다.

물론 이 논의는 이론적 영역에만 머물지 않

으며, 그러해서도 안 된다. 실제로 많은 노동자들이 주당 노동시간 단축에 대한 지지를 주기적으로 드러냈고, 노동조합은 고용주와의 협상 테이블에 노동시간을 꾸준히 주요 협상 내용으로 올렸다.[39] 최근 몇 년간 영국 안팎에서 이루어진 다양한 여론조사는 표준적인 주 5일 노동보다는 주 4일(혹은 그 이하) 노동에 대한 선호가 압도적임을 보여준다.[40] 2018년 노동조합의회 Trades Union Congress가 영국 노동자 수천 명을 대상으로 실시한 여론조사를 보면 응답자 4분의 3 이상이 주 4일 노동 또는 그 이하로 일하기를 원한다는 의사를 분명히 밝혔다.[41] 코로나 19가 대대적으로 퍼진 상황에서도 노동시간 단축에 대한 희망은 변함이 없어서, 2020년 여름 영국인의 63%가 지지를 표했고 반대는 12%에 그쳤다. 바야흐로 노동시간을 단축할 때가 다 가온 것으로 보인다.

여성의 시간은 더 빠르게 흘러간다

3

우리는 "블루칼라 장벽을 부술" 수 있음을 증명할 필요가 없다. 우리 중 많은 이들은 이미 오래전에 그 장벽을 깼고, 작업복은 앞치마보다 더 많은 권력을 주지 않는다는 사실을 깨달았다. 아니 오히려 더 적은 권력이 쥐어질 때가 잦다. 이제 우리는 작업복과 앞치마를 모두 입어야 하며, 거기에 반대하는 투쟁을 할 시간과 에너지가 훨씬 적어졌기 때문이다. 우리가 입증해야 할 것은 우리가 이미 노동으로서 하고 있는 일이 무엇인지, 자본이 우리에게 어떤 일을 하고 있는지, 거기에 맞서 싸울 우리 힘을 드러낼 역량이다.[1]

우리는 모두 노동에 중독된 세상을 살아가고 있지만 모두가 동등한 경험을 하는 건 아니다. 자본주의의 날카로운 끄트머리에 살아가는 사람들, 인종에 따라 구분된 인구집단에 속한 사람들, 혹은 남반구에서 거주하고 노동하는 이들은 일반적으로 더 열악한 노동조건 속에 더 낮은 임금을 받고, 노동시장에서 더 위태롭고 달갑잖은 일을 상대적으로 더 많이 점한다.[2] 자본주의 경제하에서는 모두가 불평등을 경험한다. 하지만 어떤 사람은 다른 사람들에 비해 더 많은 불평등을 짊어진다. 여성이 그렇고, 노동세계의 압력이 젠더 규범과 교차하는 방식이 그렇다. 여기서 다시 자유시간(혹은 그것의 부재)이 귀중한 자원으로 등장하는데, 현대의 노동생활은 많은 여성에게 이 자원을 허락하지 않는다.

집은 심장이 머무는 곳

노동의 젠더화된 구분은 자본주의 고유의 것이다. 시장을 토대로 한 관계가 봉건사회에서 확산됨에 따라 '경제적' 생산은 공장과 사무실로 이동하고 임금 형태로 보수가 지불됐다. 반면 재생산노동[3]은 구획

된 사적 영역으로 밀려나 '사랑'과 '미덕'이라는 이름 아래, 자연의 섭리에 따른 활동으로 치부되었다.[4] 페미니스트 사상가 낸시 프레이저Nancy Fraser의 표현을 따르자면 "자본주의 사회에서 여성 종속의 중요한 제도적 근거"인 근대적인 사적 가정이 자리 잡았다.[5] 가정 영역에서의 노동은 산업사회의 동력이라는 상징을 얻은 임금노동이라는 경제 영역에서 분리된 채, 도덕적이고 비생산적인 의무로 재분류되었다. 대략 17세기부터 지금까지 여성의 소임은 한편으로는 가정을 꾸리는 것, 다른 한편으로는 (미래의 노동자인) 아이들을 돌보고 양육하는 것이 되었다.[6]

이론상 이 두 영역은 별개지만 한동안 서로 의존해왔고 지금도 그렇다. 가정의 경제적 생존은 고용된 남성이 땀방울을 흘려 얻은 것이었고, 유급노동(산업혁명기에 이는 거의 아무런 권리 없이 장시간 동안 주말도 없이 일한다는 뜻이었다)에서 발생하는 긴장과 외상은 회복 중에 있는 남성노동자를 받아줄—계급역사학자 제러미 시브룩Jeremy Seabrook의 틀에 따르면—가정이라는 "보호의 격자, 진정으로 인간적인, 피와 살로 된 안전망"을 요구했다.[7]

폭넓은 경제 안에서 여성의 이러한 기능은 예나 지금이나 계급에 관계없이 공통적이다. 캐서린 홀Catherine Hall은 주부의 역사를 다룬 저서에서 19세기에 등장한 중간계급 가정 내부의 비슷한 양상을 지적한다.

> 빅토리아 시대 가정의 주요 기능 중 하나는 매일 새로운 산업세계에서 경쟁의 압력에 예속된 남성들에게 사유화된 안식처를 제공하는 것이었다.[8]

광산에서 일하든 회계 사무실에서 일하든 남성 가장들은 가정을, 식탁에 차려진 음식을, 아이들을 돌봐줄 누군가를 요구했다(그리고 기대했다). 이는 20세기까지 계속 여성의 역할로 인식됐다. 린 페티거Lynne Pettiger에 따르면 1950년대에 이상적인 주부상은 "평범하면서도 출세 지향적인 것인 듯했다."[9] 페티거는 이어서 이렇게 말한다.

> (주부들은) 노동은 하지 않지만 돌봄을 통해 자연스러운 욕구를 충족시키고 있다는 미심쩍은 보너스를 언

었다. 이는 해야 할 일이라는 의미에서는 도덕적으로 가치 있는 일이었지만, 생산만이 가치 있다는 의미에서는 가치 없는 일이기도 했다.[10]

물론 가정에서의 이런 역할은 모두 노동과 연결되어 있다. 하지만 이 노동은 제대로 설명되지 않고, 인정받지 못할 때가 많으며, 여성이 근대적 삶에서 점하는 '자연스러운' 역할에 가려지곤 한다.[11] 즉 가정에서의 부불노동은 "**경제적으로** 가치가 없고, 이는 자본 중심의 세상에서 대단히 중요한 부분이다."[12]

고용, 젠더, 시간

자본주의의 역사가 돌봄, 청소, 양육 등 젠더화된 부불노동의 창조 및 구획과, 그리고 전통적으로 남성 지배적인 고용세계를 뒷받침하는 모든 것과 긴밀하게 연결되어 있다면 최근 수십 년간 어떤 변화가 있었는가? 20세기가 지나는 동안 시민권 확대와 재정적 독립에 대한 강력한 요구, 전선에 나간 남성들의 빈자리를 메우기 위해 여성이 노동력으로 유입되었던 양차대전의 경험은 어떤 일이 여성과 남성에게 '적절한지'를 가르는 경계를 흐리기 시작했다. 여성들은 점점 더 광범위한 일터로, 그 어느 때보다도 많은 수가 진입했다. 가령 영국에서 여성의 노동시장 참여율은 1985년 29%에서 2017년 44%로 증가했다. 이제 전 세계적으로도 여성은 전체 노동력의 40%에 아주 조금 못 미치는 정도다.[13]

하지만 아무리 여성이 가정이라는 부불노동의 일터에서 산업이라는 상업화된 일터로 옮겨 갔다 해도 젠더 규범은 쉽사리 바뀌지 않는다는 것이 확인됐다. 여성평등운동이 이룬 성과에도 불구하고 여성은 여전히 주된 돌봄 인력이자, 청소부이자, 감정노동자로 남아 있다. 직설적인 예를 들자면 영국에서는 간호사의 88%, 교사의 84%, 돌봄노동자의 83%가 여성이다.[14] 사적 가정이라는 블랙박스 안에 들어가 시야에서 사라졌을 때 그러했듯이, 이러한 예에 포함된 사회적 재생산노동은 그것이 차지하는 사회적 의미가 어마어마한데도 시스템 차원에서 저평가를 받는다. 돌봄노동자, 간호조무사, 약국 보조원 등 여성이 다수

인 직업들은 평균적으로 공인 빈곤선보다 낮은 임금을 받는다.[15]

전 세계적인 코로나 19 팬데믹이 진행되는 동안 노동시장 내 젠더불평등은 훨씬 더 극명하게 드러났다. 많은 여성의 직업 혹은 상당히 여성화된 직업들은 밀접한 접촉, 때로는 '몸이 직접 닿는' 일과 관련이 있다. 이 때문에 종사자들은 코로나 19처럼 치명적이고 전염성 강한 바이러스에 노출되고 그것을 퍼뜨릴 위험이 대단히 크다. 오토노미싱크탱크가 실시한 연구는 근무 중 질병에 신체적으로 얼마나 근접한지, 또 질병에 얼마나 일상적으로 노출되는지에 따라 직업에 순위를 매겼다. 코로나는 공기 중에서나 표면에서 사람들 사이를 옮겨 다니는 입자들과 호흡을 통해 전파되는 바이러스이기 때문에 이 연구는 어떤 종류의 직업이 코로나와 가장 많이 접촉하게 될지를 보여주는 일반적인 길잡이 역할을 할 수 있다. 연구 결과 '고위험' 직업에 종사하는 노동자의 77%가 여성이며, 빈곤선 수준의 임금을 받는 고위험 직종 노동자의 자그마치 98%가 여성인 것으로 나타났다.

여성화된 일자리 다수가 평가 절하된다는

사실은 여성들이 고용 불안정성에도 더 취약하다는 것을 의미한다. 2000년대 초 진보 성향 정치인들은 '일자리-생활' 균형을 활성화하는 발의를 통해 여성의 확연한 시간 부담을 해소하고자 했다. 이 용어는 1960년대 여성해방운동 일각에서 채택하고 밀어붙인 것이었지만,[16] 후진들의 신자유주의적 재상상은 집단적인 여성해방 비전에서 멀어져 고용자와 노동자 사이의 좀 더 개별화된 관계로 기울고 있다. 이 기획의 주요 부분이자 여전히 진정한 진보의 가능성을 간직하고 있는 것은 '유연한' 노동의 발명이었다.[17] 그 핵심에 있는 진보적인 야심은 노동에 요구되는 시간이 노동자의 삶의 요구들을 중심으로 맞춰질 수 있다는 생각이다.

하지만 오늘날 노동시장의 '유연성'이라는 암담한 현실은 익히 잘 기록되어 있다. 고용자는 노동자를 쉽게 고용하고 해고하기 위해, 그리고 표준 계약을 맺은 노동자들이 누릴 수 있는 여러 혜택을 제공하지 않기 위해 최소 보장시간이 없는 계약(제로시간 계약)이나 가짜 자영업 같은 손쉽게 주무를 수 있는 계약 조건을 사용해왔다.[18] 영국에서는 이런 제로시간 계약을 하는 노동자 절반 이상이 여성이기 때문에 불안정한 유연성(또는 일방적인 유연성)은 젠더 문제가 되고 있다.[19] 여기서 다시 한 번 돌봄 직종은 온갖 나쁜 이유로 두드러진다. 미국에서는 돌봄노동자의 35%가 제로시간 계약을 따른다.[20]

영국을 비롯해 세계 여러 곳에서 진행된 산업 구성의 변화라는 맥락에서 살펴보면, 이런 유급 돌봄노동에 대한 지속적인 저평가가 훨씬 심각한 양상임을 알 수 있다. 헬렌 헤스터Helen Hester가 주장하듯이 사회적 상상은 여전히 공장, 창고, 건설 현장 같은 남성화된 일터에 고착되어 있는 반면, 부유한 경제에서 많은 (계속해서 늘고 있는) 비중을 차지하고 있는 것의 중심에는 **유급** 재생산노동이 있다.[21] 헤스터와 스르니첵Nick Srnicek에 따르면 보건, 교육, 식품 서비스, 숙박, 사회복지에 걸친 사회적 재생산노동은 현재 G7 국가 노동력의 23~28%를 차지한다.[22] 종합적인 파악을 위해 덧붙이자면 1960년대 제조업이 절정이었을 때도 제조업에 종사하는 미국 노동자는 30%뿐이었다.[23] 급속한 인구 고령화는 우리 경제가 꾸준히 '돌봄'에 치중하게 되리라는 것을 뜻하지만[24] 여성이 주를 이루는 돌봄 인력의 보수와 노동조건은 턱없이 형편없다.

여성의 이중노동과 시간 빈곤

여성의 노동시장 진출은 '린 인'* 담론이 가능하다고 주장하는 페미니스트 유토피아를 이루지 못했을 뿐만 아니라[25] 생활에 필요한 가사노동과 육아는 어디로도 사라지지 않았다. 부불 재생산노동 대부분을 책임지는 건 여전히 여성들이며, 그런 그들에게 임금노동까지 추가될 때가 잦다. 여성들은 보수를 받지 못하는 가사노동의 노역으로부터 해방되기는커녕 이제는 '생산적인' 노동과 재생산노동을 모두 수행하라는 요구에 직면해 있다.

영국 통계청은 2016년 영국에서 여성이 남

* [옮긴이주] 페이스북 최고운영책임자 셰릴 샌드버그Sheryl Sandberg가 쓴 자기계발서 제목으로, 이 책이 베스트셀러 목록에 오르면서 여성들에게 야망을 갖고 '뛰어들라lean in'고 말하는 셰릴의 메시지는 기업 페미니즘을 대표하는 명제가 됐다.

성에 비해 60% 더 많은 부불노동을 수행했음을 보여주었다.[26] 이 조사는 또한 여성이 전체 자녀 돌봄시간의 74%를 제공했으며, 부불 가사노동을 하는 데 평균적으로 주당 26시간을 썼음을 보여주었다. 반면 남성은 부불 가사노동에 주당 16시간을 썼다.[27] 이것이 사회학자들이 말하는 2교대 근무, 3교대 근무다. 여성이 임금노동과 가사노동과 감정적인 돌봄노동까지 도맡아 불균형한 부담을 짊어지는 구조적인 방식인 것이다.[28]

따라서 여성이 주로 종사하는 일자리들은 스트레스, 번아웃, 소진에 취약할 뿐만 아니라 그것이 가하는 압력은 여성들이 계속 짊어지고 있는 부불 가사노동에 대한 끈질긴 기대에 의해 더욱 가중된다. 데보라 하그리브스Deborah Hargreaves가 주장하듯이, 노동자로서 여성은 이런 부불노동의 부담을 짊어지지 않는 이들을 위해 설계된 고용세계에 적응하고 스스로를 끼워 맞춰야 한다. "직장은 남성의 커리어 패턴에 맞춰, 남성들에 의해 확립되었다. (…) 100여 년간 서구세계에는 근본적인 구조적 변화가 거의 없었다."[29]

특히 오늘날 일반적으로 받아들여지는 노동시간과 노동형태는 직장 업무 이외에 재생산노동을 하리라는 기대를 거의 받지 않는 남성을 중심으로 짜인, 왜곡되고 젠더화된 체제의 주요 증상이다. 케이시 윅스는 20세기 초 하루 8시간 노동을 위해 투쟁하고 승리한 남성 노조활동가들을 고찰하면서 "만약 그들이 부불 가사노동을 책임졌다면, 그들이 하루에 최소 8시간을 일할 수 있으리라고 확실히 기대하기는 어려웠을 것"이라고 지적한다.[30]

다시, 코로나 위기는 이 젠더화된 시간의 불평등을 밝게 조명했다. 여러 연구는 팬데믹 1차 국면이 진행되는 동안 육아 책임과 함께 표준 주당 노동시간에 따라 일하는 여성 가운데 86%가 일정한 형태의 정신건강 문제를 경험했음을 보여주었다.[31] 컴퍼스싱크탱크, 오토노미싱크탱크, 주4일노동캠페인에서 작성한 보고서에 따르면 코로나 팬데믹 기간 동안 여성이 표준 주당 노동시간을 초과하여 일할 가능성은 남성보다 43% 높게 나타났다.[32] 재택원격근무로 대표되는 새로운 노동세계가 여성에게는 시간 박탈의 심화로 경험되는 것이다.

가사노동에 대한 임금: 우리 자신을 위한 시간

실비아 페데리치Sylvia Federici는 막대한 영향을 미친 소책자 〈가사노동에 대항하는 임금〉에서 동명의 운동이 지향하는 바를 압축 설명했다.[33] 페데리치와 동료들은 가사노동이라는 젠더화된 새장이 "가장 만연한 조작, 현대 자본주의의 가장 미세한 폭력"을 상징한다는 사실을 인식하고 임금을 요구함으로써 그것을 끝장내고자 했다. 이는 "자본주의 사회가 여성을 가둬버린 역할에서 신비를 제거하고 전복하는" 재정의, 그리고 재평가였다.[34]

'가사노동에 대한 임금'의 요구는 궁극적으로 돈 자체보다는 가사노동을 여성성으로부터, 여성과 결부된 본성으로부터 분리하는 것과 더 많은 관련이 있었다. 페데리치의 말에 따르면 "그것은 우리의 본성에 종언을 고하고 투쟁을 시작하게 하는 요구다."[35] 결정적으로, 보이지 않는 가사노동에 대해 임금을 요구하는 것은 이 노동을 '중요하게' 만드는 것, 대차대표조에 등장하는 사회적으로 인정받은 노동과 나

관히 놓이게 만드는 것이다. 만일 우리가 관점을 이런 식으로 조정한다면—가사노동에 대한 임금 운동이 이런 혁명적 전환을 이뤄낸다면—우리 경제, 그리고 그와 함께하는 우리 삶은 뒤집힐 것이 틀림없다.

가사노동에 대한 임금 운동의 도발은 시간의 측면에서도 아주 유사한 기능을 한다. 결국 가사노동에 대한 임금 운동의 관점에서 가사노동은 정당한 노동시간이다. 사회가(하지만 그중에서도 특히 정치권력과 경제권력의 중심점을 차지하고 있는 사람들이) 육아시간을, 음식을 준비하는 시간을, 가사노동시간을 정당한 노동시간으로 대우하도록 압력을 가한다면 혁명적인 변화가 일어날 수 있다. 가령 싱글맘의 전일제 일자리와 가정에서의 책임을 모두 고려해야 할 경우, 이 여성이 주당 40시간만 노동할 수 있게 만들려면 무엇이 필요할까? 이 여성이 하는 일 중 얼마만큼이 다른 사람들에게 재분배되어야 할까? 이 모든 노동시간이 경제적으로 가치 있는 것으로 인정된다면 이 여성은 그에 대해 어느 정도의 임금을 받아야 할까?

여기서는 사회과학의 도구들이 유용할 수 있다. 사회학자들은 1930년대 마거릿 리드Margaret

Reid의 초기 작업이 선도한 이후 꾸준히 사회적 재생산노동의 경제적 가치를 정량화하고자 노력해왔다.[36] 런던대학교 시간사용센터 연구자들은 수년간 시간 사용 일지를 이용해 좀 더 최근의 추정치를 내놓았다.[37] 이들은 전문적인 육아 도우미, 세탁업 종사자, 어린이집 교사 등(지금은 집에서 노동자들이 공짜로 하는 일을 임금을 받기 위해 수행하는 모든 직업인)으로 '대체'했을 때 드는 비용을 근거로 이제까지 지불되지 않았던 노동시간의 경제적 가치를 계산한다. 영국인들이 기록한 부불노동의 양에 이들 노동자의 현행 임금을 곱하면 "지불되지 않은 노동시간의 총 가치는 1975년에 260억 파운드, 2015년에는 4490억 파운드 정도였다는 추정치가 산출된다."[38] 이는 영국 GDP의 무려 25%가 가정의 그림자 노동으로 구성됨을 의미하며[39] 여기에는 이런 노동과 다른 중간재의 원재료 비용은 들어가지 않았다.[40]

가사노동을 둘러싼 페미니스트 투쟁(오늘날까지도 유효한 투쟁)은 이러한 의미에서 보이지 않는 또는 '삭제된' 노동시간을 인정받기 위한 투쟁이다. 하지만 페데리치처럼 이 운동에서 좀 더 급진적인 인물들은 한 발 더 나아간다. 이 노동의 가치를 인정하는 것은 이 노동을 줄이기 위한 디딤돌이다. 페데리치가 선언하다시피 "우리는 이 노동의 매 순간에 대해 돈을 요구한다. 우리가 그중 일부를, 최종적으로는 전부를 거부할 수 있도록."[41] 여기서 자유시간을 위한 투쟁은 재평가에 대한 페미니스트의 요구와 교차한다. 시간의 통제권을 둘러싼 투쟁은 동시에 젠더평등을 위한 투쟁이기도 한 것이다.

공정한 노동과 시간의 배분을 향하여

분명한 것은 근대 노동세계와 '공식적인' 노동시장이 젠더화된 형태의 불평등 아래 만들어졌고, 여기에는 오늘날까지 끈질기게 이어지는 시간 경험에 대한 심원한 결과가 따른다는 사실이다. 여성은 두 전선 모두에서 부당한 대우를 받는다. 그들은 사회의 중추를 구성하는 부불 돌봄노동 대부분을 짊어지는 한편, 지불노동세계에서 남성에 비해 열악한 노동조건을 경험한다.

이러한 불평등을 해소하려면 전 사회적으로 우리가 노동하는 방식을 재정립하고 노동시간을 바꿔야 한다. 이는 노동시장 바깥에 놓여 있다고 여겼던 노동을 고려하기 위해 전일제 고용으로 정의된 시간의 양을 줄이는 것을 의미한다. 모두의 직장 근무시간을 단축하면 남성과 여성이 가사노동을 더 공정하게 배분할 수 있는 공간이 열린다. '두 번째 교대근무'는 좀 더 평등한 '일자리 분담'이 될 수 있다. 더욱이 직장 근무시간을 단축하면 특히 번아웃과 스트레스에 시달리는 노동자들이 받는 압력을 덜 수 있다. 앞서 봤듯이 이 범주의 노동자에는 압도적 다수가 여성인 교사와 간호사가 포함된다. 따라서 노동시간 단축에 대한 요구는 지불노동이 여성노동자의 건강에 상대적으로 더 심각한 타격을 입힌다는 사실을 인정하는 한편, 가정에서 요구되는 돌봄노동을 위해 더 많은 시간을 제공하는 것이기도 하다.[42]

여성의 노동시간 단축은 다른 형태를 취할 수도 있다. 이러한 측면에서 남성의 육아휴직 연장이나 재할당을 보편적인 권리로 인정하는 것은 긍정적인 방향이다. 남성이 신생아 자녀를 돌보기 위해 휴직

할 수 있는 기간을 연장하거나 여성의 육아휴직을 아버지에게 재할당할 기회를 만들 경우, 주 양육자로서 어머니의 모성 역할을 본성으로 단정짓는 태도와 결별할 토대가 마련될 수 있다.[43] 이는 또한 어머니들에게 (그들이 선택하기만 하면) 승진과 급여 인상을 가로막는 강제적인 경력단절을 피할 기회를 마련해줄 수 있을 것이다.

우리는 주당 노동시간 단축 외에도 부불 가사노동의 시간 부담을 줄이는 데 유익할 수 있는 노동공간의 구조적인 변화와 인프라 변화를 고민할 필요가 있다. 돌봄노동을 비롯해 지금은 가정에서 전담하는 활동들의 사회화 및 재분배에 대한 제안은 페미니즘 이론의 풍요로운 역사와 맞아떨어진다. 공동체 주방, 조리된 식품 서비스, 주방 없는 가정과 가사노동 없는 마을은 19세기 유물론적 페미니즘 운동이 대중화한 급진적인 아이디어 중 일부에 불과했다.[44] 당대에 이런 아이디어들은 새로운 형태의 공공 인프라에 대한 제안으로 받아들여졌다. 장기돌봄센터Long Term Care Centres(지역사회 내에서 다양한 종류의 돌봄 인력과 돌봄 수혜자들의 중첩되는 필요를 중심으로 만들어진 가정 밖 시설)와 지역사회의 개방형 작업공간은 노동시간이 사적인 가정 단위로 집중되어 결국 한 사람의 어깨에 부담을 지우는 것이 아니라 지역사회 전체로 분산될 수 있음을 보여주는 좀 더 최근의 사례라 할 수 있다.[45]

노동시간 단축은 21세기 진보적인 노동자운동을 위한 핵심 목표가 되어야 하지만 이 목표를 달성하고자 한다면 노동자를 정의하는 단계에서 페미니즘의 과제 역시 진지하게 고려해야 한다. 우리 목표가 작업장에서의 평등이라면 작업장을 단순한 사무실, 창고, 공장 이상으로 이해해야 한다. 우리의 경제, 가정, 생활의 바탕에는 가정에서 대개 여성이 수행하는 무급 혹은 저임금 돌봄노동이 있음을 기억해야 한다. 여성은 노동시장의 날카로운 끄트머리에서 불안정한 일자리에 종사하는 일이 잦다는 점 역시 염두에 둘 필요가 있다. 궁극적으로는 이중노동과 삼중노동이라는 현실을 인정하고 모두가 적게 일할 수 있는 방향으로 이 노동을 재분배하는 방법을 모색해야 할 것이다.

환경을 위한 시간

4

> 지속가능한 경제 질서를 토대로 한 대안적 번영의 정치에 대한 헌신은 해방 프로젝트의 연장선으로 볼 필요가 있다. 만약 우리가 빈민의 행복에 대해 코스모폴리탄적인 관심을 가지고 있고 또 미래 세대의 삶의 질을 염려한다면, 우리는 풍요로운 사회에서 노동, 소비, 즐거움, 자기실현에 대한 태도를 바꾸는 운동을 해야 한다.[1]

인간이라는 하나의 종으로서 우리가 생태적으로 지속가능한 생활양식에 (지구의 한계 안에서) 어떻게 나아갈 것인가를 둘러싼 논란은 아마 우리 시대에 가장 시급한 문제일 것이다.[2] 이 문제에서 우리가 앞서 살펴보았던 경제적 불평등, 자유, 젠더평등과 함께 주당 노동시간 단축이 핵심적인 역할을 한다. 간단히 말해서, 환경적 관점에서 보면 적게 일하기는 필요하고 바람직하다.

척도 바꾸기

기후붕괴가 코앞에 닥친 가운데, 자본주의 성장 모델에서 방향을 바꿔야 한다는 긴박한 요구는 경제학 내에 새로운 학문과 접근 방식을 낳았다. 이런 접근 방식 중 하나가 역성장degrowth으로, 고르의 정치생태학에서 영향을 받아 수십 년간 활발하게 연구 및 운동이 진행된 분야다.[3] 역성장을 지지하는 사람들은 이 접근법을 다른 무엇보다도 성장에 대한 비판으로 정의한다.[4] 경제성장은 그 자체로 지속가능하지 않다. 온실가스 배출이나 다른 부정적인 환경적 영향과 뗄 수 없는 관계이기 때문이다.[5] '녹색성장'이나 '사회주의적 성장'이 필요하다고 강조하는 입장과 달리[6] 역성장 지지자들은 성장이라는 목표를 권좌에서 끌어내리고, 그 자리를 더 적은 천연자원으로 생활 및 노동을

조직하는 데 집중하는 정치경제로 대체해야 한다고 주장한다.[7]

역성장과 탈성장 지지자들은 긴축과 희소성, 불경기라는 운명(일반적으로 평탄하거나 성장하지 않는 경제와 결부되는 사회경제적 결과들)에서 벗어날 수 없는 경제 모델을 내세우는 대신 나눔과 흥겨움, 돌봄과 공동선이라는 원칙을 근간으로 한 대안적 생활양식을 진작하는 경제적 척도와 목표를 옹호하는 주장을 펼친다. 선도적인 생태경제학자 이오르고스 칼리스Giorgos Kallis와 그의 동료들은 이렇게 요약한다.

> 지속가능한 역성장은 생산 및 소비 규모를 공정하게 줄임으로써 지역과 세계 규모에서 장단기적으로 생태학적 조건을 향상하고 인간 행복을 증진하는 것으로 정의할 수 있다. '지속가능한'이라는 형용사는 역성장이 무한하게 지속되어야 한다는 의미가 아니라, 이행/변환 과정과 최종 상태가 생태적·사회적으로 이롭게 지속가능해야 한다는 의미다. 그러므로 역성장이 제안하는 패러다임은 경제성장 없이도 인간의 진보가 가능하다는 것이다.[8]

역성장으로 이행하는 과정에는 경제적 성공의 잣대로서 GDP를 폐기하고 우리가 무엇을 중시할 것인가를 근본적으로 재고찰하는 작업이 수반되어야 한다. 요컨대 척도를 바꿔야 한다. 지속가능한 역성장 접근법은 영구적인 성장을 그 자체로 목표로 보기보다는 사회적인 안녕, 생태적 지속가능함, 사회적 평등을 지향하고 포착하는 측정 수단을 마련할 것이다.[9]

적게 일함으로써 탄소 발자국 줄이기

역성장 지지자들이 생각하기에 새로운 경제로의 이행은 자원 **채취**보다는 자원 **순환**에 기초한 경제활동을 적극적으로 장려하는 다양한 정책 수단에 의해 뒷받침될 것이다.[10] 여기에는 기본소득(개인의 수입이나 고용 상태와는 관계없이 소득최저선을 지켜주는), 광범위한 보편 서비스(무료 대중교통, 주택, 의료 서비스, 교육), 개인 자산에 대한 높은 세율과 규제(소비주의를 위축시키고 에너지와 자원을 환경적으로 지속가능하게 사용하도록 고무하는)가 포함되곤 한다.

역성장 프로그램의 핵심 요소 중 하나는 노동시간, 그리고 그 단축과 관련이 있다.[11] 적게 일하기는 노동과정의 일부로 사용되는 자원의 절대적인 양을 감소시킬 뿐만 아니라 줄리엣 쇼어Juliet Schor가 말한 '노동지출' 순환에 따라오는 탄소 집약적인 소비의 양 역시 감소시킨다.[12] 27개 OECD 국가의 환경 영향을 평가한 연구에서 쇼어와 동료들은 노동시간을 4분의 1 단축할 경우 탄소 발자국을 30%나 줄일 수 있다고 추정했다.[13] 평균적인 영국 노동자의 경우 이는 주당 42시간의 노동을 31시간을 조금 넘는 수준으로, 또는 주 4일 노동으로 줄인다는 의미가 될 것이다.

미국에서는 역성장에 영향을 받은 한 연구가 노동시간이 짧은 가정과 노동시간이 긴 가정에서 소비하는 개별 물품의 탄소 발자국을 평가했다. 설문조사를 통해 포장된 음식에서부터 옷가지에 이르기까지 가구마다 지출한 항목들을 그 생산 방식이 얼마나 탄소 집약적인지에 따라 순위를 매긴 것이다. 결과는 어땠을까? "노동시간이 긴 가정은 탄소 발자국이 상당히 더 크다." 점점 지속불가능해지는 소비 패턴과

높은 노동 부하 간에 걱정스러운 상관관계가 있음을 보여주는 대목이다.[14] 이 연구는 새벽같이 출근하고 늦은 밤에야 퇴근해서 요리를 하기에는 너무 피곤한 나머지 배달 음식이나 전자레인지에 넣고 돌리기만 하면 되는 간편식, 혹은 비닐에 겹겹이 싸인 포장 음식으로 끼니를 때우는 일상적인 경험과 맞아떨어진다.

이러한 연구 결과는 노동시간을 단축해야 한다는 주장 가운데서도 중요한 측면을 강조한다. 우리가 노동시간을 크게 단축해야 하는 건 우리가 하는 노동이 너무나도 탄소 집약적이기 때문일 뿐만 아니라 노동생활의 끄트머리에서 일어나는 소비 때문이다.

그린뉴딜:
더 나은 노동생활을 위한 기회

역성장 지지자들은 특히 경제성장 추구의 문제적인 측면을 강조하는 데 귀중한 기여를 해왔다. 하지만 이들은 역성장에 너무 열렬히 전념한 나머지 일부 경제 부문은 탄소배출량을 요구되는 비율로 감축하기 위해 아주 빨리 **성장**할 필요가 있다는 점을 헤아리지 못할 때가 있다. 경제학자 로버트 폴린Robert Pollin이 주장하듯이 전 세계 정부의 핵심 목표는 (역성장 주장처럼) 거시적인 수준과 미시적인 수준 모두에서 소비를 화석연료로부터 분리하는 **동시에** 이를 대체할 수 있는 녹색에너지 인프라에 대대적인 투자를 하는 것이어야 한다.[15] 이 목표의 최종 결과는 확실한 기후 안정화 프로젝트를 진행하면서도 경제(GDP)가 빠르게 성장하는 것일 수 있다.[16] 이는 녹색전략에 섬세함을 더한다. 문제는 성장 자체가 아니라 경제의 어느 부문이, 얼마나 성장하는가라는.

일부 역성장 비판가들은 이 전략에 정치의식이 부족하다고 지적한다. 역성장 안에서는 정치적 거버넌스, 권력관계, 합의 도출 문제를 인정하는 이행 가능한, 또는 정치적으로 성공 가능한 전략을 발견하기가 힘들다.[17] 역성장 모델링은 노동이 거시 수준에서 일자리 분담 형태로 모든 노동자에게 재분배될 수 있음을 보여주기는 하지만, (전 지구적인 수준의 역성장은 잠시 밀쳐두고) 국가 수준에서조차 이를 어떻게 실제로 이행할 수 있는지에 대해서는 아무런 세부 계획을 제시하지 못하는 경향이 있다. 예를 들어 일관된 역성장 전략 아래에서 철폐되어야 하는 산업 부문에 종사하고 있는 이들의 처지에 대한 문제나, 경제가 축소될 때 임금을 보호하기 위해 마련해야 할 보호 장치(이런 것이 조금이라도 가능하다면)에 대한 문제 역시 남아 있다.

역성장 경제학이 대체로 (여전히 의심의 여지 없이 유용한) 경제적 계산과 비평이라는 수준에 머물러 있다면, 거기에 필요한 개혁을 이행하는 데 성공할 수 있는 녹색**정치** 전략은 아직 갈 길이 멀다. 하지만 이런 상황에 변화를 일으킬 수 있는 가장 흥미롭고 구체적인 정치적 국면 중 하나가 '그린뉴딜'이라는 개념이다. 그린뉴딜은 전 세계의 숱한 판본들이 증명하듯이 아직 미완의 개념이기는 하나[18] 그 기원은《뉴욕타임스》 저널리스트 토머스 L. 프리드먼Thomas L. Friedman에게서 찾을 수 있다. 프리드먼은 〈정원에서 온 경고〉라는 기사에서 기후변화를 되돌리고자 한다면 루스벨트 행정부의 야심에 필적하는 산업 및 재정 전략이 필요하다고 주장했다.[19] 앤 페티퍼Ann Pettifor는 자신의 책《그린뉴딜을 옹호하며》[20]에서 그린피스 직원이자 활동가인 콜린 하인스Colin Hines가 프리드먼이 개괄한 도전 과제를 받아들여 그린뉴딜이 어떻게 구성될지 세세하게 제안하는 보고서를 발주하게 된 과정을 설명한다.[21] 이 보고서에 따르면 그린뉴딜은 "신용위기, 기후변화, 높은 유가라는 삼중고"를 해결하기 위한 여러 정책 제안들의 골자가 될 것이었다.[22]

그린뉴딜은 국가적·국제적 차원에서의 경제 및 생태 시스템 변화[23]—금융과 세계 경제, 지구 생태계에 대한 접근법을 근본적으로 뒤엎을 개혁—를 요구하지만 노동 문제에 대한 포부는 아직 개선의 여지가 많다.[24] 지금의 그린뉴딜 제안과 1930년대 루스벨트의 원조 뉴딜을 비교해보면 과거의 개척자적 노동시장 개혁 안에는 위기 한가운데에 놓인 노동자의 안녕을 고려한 선례들이 들어 있고, 여기서 오늘날 필요한 교훈을 얻을 수 있다. 가령 공정노동기준법Fair Labour Standards Act(1938년)은 주 40시간의 정규 노동시간과 최저임금을 확립했다.

이러한 개혁 이면에는 미국에서 각료로 임명된 최초의 여성이자 노동자 권리와 젠더평등을 위해 싸웠던 열렬한 운동가 프랜시스 퍼킨스Frances Perkins가 있었다.[25] 이 법안이 만들어지기 몇 년 전 대공황이 한창일 때 '대통령의 재고용 합의'가 있었다. 이는 사실상 기업들로 하여금 주당 평균 노동시간을 줄이고 시급을 인상하도록 독려하는 최상층부의 승인이었다.[26] 이 개혁 정책과 그 밖의 유사한 방침들은 미국 노동자들에게 자유와 번영에 대한 새로운 집단적인 감각을 선사했고, 노동계에 긍정적인 변화를 몰고 왔다. 이 과정에서 뉴딜은 월스트리트가 붕괴할 위기를 지속적인 변화의 기회로 탈바꿈함으로써 미래에 대한 새로운 비전을 제시하는 데 성공했다. 오늘날 우리 자신의 비전은 적어도 루스벨트와 그 팀의 야망과 비슷한 수준이어야 할 것이다.

이 점을 염두에 두었을 때 원조 뉴딜로부터 80여 년의 세월이 지난 지금, 오늘날의 그린뉴딜 제안은 급진적인 이행과 고무적인 계획이라는 측면에서 무엇을 제시하는가? 그린뉴딜에서 노동자를 위한 포부는 무엇인가? 다시 말해서 그린뉴딜의 **혁신적인** 측면은 무엇이고, 그린뉴딜 지지자들이 노동시간 단축을 위해 품고 있는 포부는 무엇인가?

이런 질문에 대해 우리가 찾을 수 있는 대답은 많지 않다. 미국식 그린뉴딜의 중심축 가운데 하나는 실업과 저임금이라는 이중고에 보편적인 해법을 제시하고자 하는 정책 제안인 일자리 보장이다.[27] 일자리 보장은 정부가 원하는 사람 누구에게나 일자리를 제공해야 하는 정책 체계다.[28] 아주 짧은 기간 동안 경제를 급진적으로 재편하고 탈바꿈하는 동안 누구도 뒤처지게 두지 않겠다는 의지를 전제로 하는 이 정책은 여러 그린뉴딜 판본의 핵심 기둥이 되었다. 경제가 탈바꿈하는 과정에서 일자리 보장은 그린뉴딜로 인해 생계에 악영향을 받는 사람들(가령 탄소 집약적인 산업에 종사하는 사람들)의 문제를 해결하는 동시에 노동자 권리를 강화하는(그린뉴딜하에서 창출되는 일자리는 노동조합으로 조직되고 단체협상권을 갖게 될 것이다) 두 가지 메커니즘을 모두 제공하고자 한다.

알렉산드리아 오카시오-코르테스가 개괄한 미국판 일자리 보장 프로그램은 다음 세 가지 핵심 공약으로 구성된다. 1) 양질의 고소득 일자리 수백만 개 창출, 2) 미국의 모든 국민에게 전례 없는 수준의 안정과 번영 제공, 3) 시스템 차원의 부정의에 대한 대응 행동.[29] 하지만 일자리 보장이 오늘날 노동자들에게 영향을 미치는 몇 가지 근본적인 문제(불안정, 저숙련, 저임금 일자리)는 해결할 수 있을지 몰라도, 역성장 경제학에서 매우 주요한 문제인 노동시간과 지속가능성 간의 관계에 대해서는 거의 고려하지 않는다.

영국 정치에서 그린뉴딜을 해석할 때도 비슷한 상황이 펼쳐진다. 2019년 총선에서 노동당은 '녹색산업혁명'이라는 기치하에 그린뉴딜의 맥락을 재구성하기로 결의했다. 우리는 녹색산업주의의 실현 가능성이나 거시적인 규모에서 '좋은' 일자리를 유지할 수 있는 능력은 한쪽으로 밀어놓고, 19세기 산업주의와 결부된 노동조건과 사회조건을 재상상하는 것이 **바람직한지** 물어야 한다. 서론에서 확인했다시피 빅토리아 시대 잉글랜드에서 노동계급의 생활조건을 탐구했던 엥겔스는 사회적 박탈과 불평등, 극단적인 소진이라는 암울한 그림을 그린다. 산업주의는 과로와 착취를 향해 치닫는 경향이 있기 때문이다.

요컨대 일자리 보장과 녹색산업전략 모두가 예시하듯 그린뉴딜 지지자들은 녹색전략 안에서 노동과 일자리를 과장하는 경향이 있다. 일례로 앤 페티퍼의 《그린뉴딜을 옹호하며》가 있다. 이 책에서 페티퍼는 효율이 높은 화석연료 에너지에서 효율이 낮은 재생 에너지로 전환하면서 생겨나는 부족분 때문에 그린뉴딜 경제가 '노동 집약적'일 것이라고 주장한다. 그는 또한 "태양 에너지에서 동력을 얻지 못하는 활동들이 어떻게 인간 에너지인 노동력에 의해 수행될지"를 상세하게 설명한다.[30] 영국의 그린뉴딜은 "'탄소 노동자 군단'을 동원해 변화를 일구고 유지할 것이다."[31]

그린뉴딜은 이런 선언과 함께 앞서 케이시 윅스가 우리에게 경고했던 '사회주의적 근대화'에 성큼 다가선다. 노동자를 군대처럼 부리는 사회라는 전망은 일자리가 목적을 위한 수단일 뿐임을, 사람들에게 자기 이익을 추구하는 능력을 제공하기 위해 필요한 도구일 뿐임을 보지 못하는 게 아닐까? 테일러화된 대량생산에 대한 초기 소련의 꿈이 그러했듯이 노동 집약적인 그린뉴딜은 자본주의 생산 시스템의 핵심 원리 가운데 많은 것을, 그중에서도 특히 비합리적인 노동윤리를 채택할 위험이 있다.

페티퍼는 그린뉴딜이 창출한 일자리는 '고숙련, 훈련, 고등교육'으로 뒷받침되기 때문에 의미 있으리라고 기대한다. 페이퍼의 말에 따르면 "그린뉴딜의 전망은 노동력이 의미 있는 업무로 보상을 받고,

고숙련과 훈련, 고등교육으로 자원을 확보하는 것이다."[32]

'의미 있는 일자리'나 '고숙련' 같은 목표에 토를 달 사람은 없겠지만, 이런 단어들은 최소한 신노동당 집권 이후 '고용 가능성', '숙련도 향상' 같은 공약을 들었던 사람들의 귀에는 공허하게 울릴 것이다.[33] 정말로 새로이 창출되는 그린뉴딜 일자리 수백만 개가 의미 있고 충실하리라고, 근대 노동시장의 특징이자 수세기에 걸쳐 진행된 표준화와 관례화, 관리 위주의 규율을 어느 정도 넘어서리라고 기대할 수 있을까? 그린뉴딜하에서의 노동은—경관의 야생성 복원이든, 주택 개량이든, 에너지 인프라 관리든—고되고, 반복적이고, 표준화되고, 관리되는 업무와는 관련이 없을까? 우리는 스미스와 케인스와 마르크스와 러셀을 좇아, 그리고 지난 수세기 동안 수백만 노동자들의 일상 경험을 좇아, 그저 일자리를 바꾸고 직업 안정성을 개선함으로써 노동의 고충을 없앨 수 있다고 주장하는 계획들에 대해 회의적인 입장을 유지한다.[34]

요컨대 그린뉴딜은 새로운 사회의 비전을 제시하는 데 있어서 아직 남아 있는 핵심 사안 하나를 제대로 해결하지 못하고 있다. 샤라크찬드라 릴Sharachchandra Lele 같은 비판가들은 '다면적인 안녕'에 대한 고려가 없을 경우 그린뉴딜 입장은 기껏해야 많은 일자리 창출을, 최악의 경우에는 GDP 성장을 우선시함으로써 산업주의의 정신과 관행을 유지하는 외골수 프로그램이 될 위험이 있다고 강조한다.[35] 혹시나 해서 한 번 더 언급하자면 환경의 지속가능성도, 일자리 창출도 그 자체로 '좋은 사회'의 충분조건은 아니다. 핵심은 이것들을 (자유를 포함한) 개인의 행복과, 집단적인 차원에서의 평등과, 이런 것들이 세대를 걸쳐 꾸준히 이어질 수 있는 지속가능성과 결합하는 것이다.[36]

적게 일하는 것은 필요하고 바람직하다

우리의 관점에서 역성장, 탈성장, 그린뉴딜 전략은 모두 노동시간 단축을 탈탄소 정치경제의 중심에 위치시킬 필요를 보여준다. 그리고 이 노동시간 단축은 탄소배출량을 줄이는 상대적으로 단순하고 효과적인 방법을 제시할 뿐만 아니라 새로운 경제에 너무나도 절실하게 필요한 것, 즉 환경정의와 사회정의 둘 다에 바탕을 둔 분명한 목표와 비전을 제시한다. 그린뉴딜은 아직 내용이 다듬어지는 중이긴 하지만 국제적인 맥락과 국가적인 맥락 모두에서 신자유주의를 넘어, 어쩌면 자본주의 자체를 넘어 탈탄소 정치경제를 이루는 데 가장 전도유망한 정치적·경제적 수단을 제공한다.

하지만 이는 역성장이나 탈성장 경제 전략을 폐기한다는 게 아니라 이들 경제 전략을 그린뉴딜 정치 프로그램 전개에 통합한다는 것을 의미한다. 이런 점에서 우리는 역성장과 그린뉴딜 접근법을 화해 불가능한 양자택일의 선택지로 단순하게 이해하지 않을 필요가 있다. 환경경제학과 진보적인 정치운동을 넘나드는 동맹 구축은 자본주의가 행성적인 또는 보편적인 규모에서 환경부정의뿐만 아니라 사회경제적 부정의를 영속시키고 있는 상황에 탈탄소 경제로의 이행이 어떤 호소력을 갖는지를 분명히 밝히는 데 유익할 수 있다.

비록 그린뉴딜이 아직 초기 단계라 해도 그

중 일부 제안은 어째서 노동시간 단축이 환경정의 정책이자 사회정의 정책인지를 이해하고 있다. 유럽그린뉴딜이니셔티브(GNDE)는 대대적인 주택 개량, 노동자협동조합과 수리 및 재사용시설에 대한 투자와 관련된 (녹색) 공공근로프로그램(원조 뉴딜과 같은 맥락에서)을 제안한다. 이들의 계획에 따르면 이런 전환에 필요한 수백만 개의 일자리는 주당 노동시간 단축과 연계되어 나머지 유럽 노동시장을 인도할 선구자 역할을 하게 될 것이다. 이는 다양한 역성장 및 탈성장 경제학자들의 주장과 일치한다.[37] 노동시간 단축은 부를 재분배하고 대량실업을 피하기 위한 핵심 전략일 수 있기 때문이다.

마찬가지로 저명한 그린뉴딜 지지자 케이트 아로노프Kate Aronoff와 테아 리오프란코스Thea Riofrancos가 자신들의 그린뉴딜 요구사항의 핵심 중 하나로 노동시간 단축을 내세우는 모습은 고무적이다.[38] 이들은 여전히 일자리 보장의 필요성을 피력하기는 하지만 오늘날의 일자리가 가진 문제를 충분히 알고 있고—“일터의 지배력이 여전히 우리 대부분을 자유롭지 못하게 한다”[39]—노동시간 단축이 녹색정치 전략의 일부가 될 경우 명백한 장점이 있다는 것도 이해한다.

> 효율성 증대와 자동화를 상급자가 아닌 사람들이 통제하는 급진적인 그린뉴딜하에서는 지금보다 훨씬 적게 일해야 할 모든 사람의 필요를 충족시킬 수 있고, 또 그래야 한다. 이어지는 연구는 주당 노동시간 단축이 탄소 발자국을 줄인다는 사실을 보여준다. 노동시간은 짧을수록 좋다. 탄소를 줄이기 위해 우리는 적게 일하고 남은 시간을 더 균등하게 나눌 필요가 있다.[40]

일자리와 임금을 유지하기 위해 **일부** 사람들의 노동시간을 줄이는 대신(자본주의하에서 불경기나 침체기에 나타나는 관행적인 경제적 접근법) **모든** 노동자의 노동시간을 줄이면 노동이 분배될 것이고, 그리하여 일부의 실업이나 불안정 고용을 피하는 동시에 모두의 자유시간을 확대하게 될 것이다. 이런 전략은 자원집약적인 경제에서 벗어나 더 지속가능한 형태의 노동으로 이행할 때에도 도움이 될 것이다.

사회정의와 환경정의 모두를 달성하기 위한 새로운 정치경제를 제시하고자 한다면 그린뉴딜은 고용 안정성과 임금 인상을 촉진하는 것뿐만 아니라 우리가 직장에서 보내는 시간의 양을 줄여야 한다. "노동의 재정의가 핵심이지만 노동을 줄이는 것도 마찬가지로 중요하다."[41] 그린뉴딜은 노동자를 고되고 단조로운 업무를 훨씬 뛰어넘는 능력을 가진 완전하고 성숙한 인간으로 대하는 방식으로 경제를 다시 매만질 수 있는 기회다. 무엇보다 노동시간 단축은 그린뉴딜에 모든 정치 프로젝트의 핵심 요소인 더 나은 삶에 대한 희망과 염원을 가득 불어넣는다. 여기에는 녹색운동이 아직 제대로 활용해본 적 없는 거대한 기회가 있다.[42] 다시 한 번 아로노프 등을 언급할 필요가 있겠다.

> 탄소를 배출하지 않는 여가는 등산과 정원 가꾸기 같은 건전한 습관만을 의미하지 않는다. 우리는 친환경적인 쾌락주의를 믿어 의심치 않는다. 친구들과 유기농 와인을 넉넉하게 차려놓고 여유롭게 저녁식사를 즐길 수 있는 시간을 달라. 보수가 넉넉한 농업노동자

들이 재배하고 수확한 합법적인 대마초로 한층 즐거워진 야외 모험을, 달빛과 별빛이 비추는 호수에서 알몸 수영을 즐길 시간을 달라.[43]

노동시간 단축은 탄소배출량을 줄일 수 있는 저비용 고효율 수단이며, 노동과 사회생활을 분명하게 개선시켜주리라는 두 가지 이유에서 탈탄소 경제의 핵심 요소가 되어야 한다. 그런 의미에서 노동시간을 단축하는 그린뉴딜은 필요하고 또 바람직하다.

주당 노동시간 단축 투쟁

5

> 노동자는 언제나 단순한 프롤레타리아트 이상이었다. (…) 노동자는 자녀의 미래를 걱정하는 부모이자, 자신의 존엄성, 자율성, 인간으로서의 성장에 신경 쓰는 남성과 여성이자, 지역사회에 관심을 가지는 이웃이자, 사회정의, 시민권, 자유에 관심을 갖는 공감 능력이 있는 시민이기도 하다.[1]

지독한 코로나 19 팬데믹과 함께 등장한 다양한 위기를 앞에 두고, 그리고 그 결과로 나타날 수 있는 대량실업의 가능성을 막기 위해 각국 정부는 계획했던 노동시간 단축을 실행할 수 있을지 타진 중이다. 일례로 독일 '쿠르츠아르바이트Kurzarbeit' 프로그램은 노동시간 단축 계획의 비범한 화제성을 보여준다. 이 프로그램은 기업의 노동 수요가 크게 줄어든 상황에 대응하여 정규 노동시간을 일시적으로 단축할 수 있게 했다. 위기가 진행 중인 동안 이 프로그램은 근무시간이 줄어든 노동자들에게 삭감된 임금의 최소 60%를 마련해주었다. 국제통화기금(IMF)은 이 정책을 전 세계적으로 "이러한 프로그램의 금본위제"라고 표현했다.[2]

하지만 이런 제도가 실업을 막고 일자리를 유지하는 단기적인 대책으로는 환영받아 마땅하지만, 변화의 모델로서 장기적으로 가능한지에 대해서는 회의적인 태도를 유지해야 한다. 여기서 1930년대 대공황의 역사적 사례를 잠시 살펴볼 필요가 있다. 당시 미국에서는 대량실업을 완화하고자 노동시간 단축 프로그램을 실시했다. 역사학자 벤저민 허니컷Benjamin Hunnicutt이 지적했다시피 1930년대 루스벨트 행정부가 실시한 주 35시간 노동계획은 경제위기가 가라앉으면 곧바로 늘어날 준비가 된, 당장 눈앞에 닥친 실업 위기를 모면하기 위한 예방적인 차원에서의 경제적 임시방편일 뿐이었다.[3] 당시 산업계 지도자들은 최대한 빠른 시일 내에 '정상적인' 노동시간을 재천명하고 싶은 마음이 굴뚝같았다. 당시에는 여가시간이 늘어나면 '삶의 중심'으로서 노동의 지위가 위태로워질 수 있다고 생각했기 때문이다.[4] 허니컷은 이렇게 말한다.

> 후버 위원회뿐만 아니라 포드나 코드릭 같은 사업가들은 여가를 소비의 동맹군으로 인정하면서도, 노동이 삶의 중심이고 또 그래야 한다는 신념을 재확인했다. 가령 포드는 여가의 경제적 중요성을 높이 평가하면서도 "물론 일일 노동시간과 주당 노동시간을 단축하는 데에는 인도적인 측면이 있긴 하지만 이 문제에 너무 집착하면 곤란해질 수 있다. 그러면 여가가 원래 자기 자리인 노동 다음이 아니라 노동 앞에 놓일 수 있기 때문이다"라고 경고했다.[5]

최악의 경제위기가 사그라지자 주당 35시간 노동은 재빨리 폐기됐고, 2년 만에 미국의 평균 노동시간은 다시 45시간으로 늘어났다. 오토노미싱크탱크가 이 같은 역사에 대한 연구에서 규명한 바에 따르면 유사한 사례, 즉 위기의 시기에 일자리를 보호하기 위한 경제적 개입 조치로 이행되었다가 정상적인 경제활동이 재개되자 폐기된 사례는 더 있었다. 영국의 경우 1847년에 이루어졌던 노동시간 단축이 경제적 여건이 개선되자마자 폐지되었다가, 30여 년 뒤에야 마침내 하루 노동을 최대 10시간으로 규제하는 법안이 마련되었다.[6]

역사에서 얻을 수 있는 중요한 교훈은 사회에 변화를 불러오려면 다양한 행위자와 전략을 동원해야 한다는 것이다. 지속가능하고 장기적인 노동시간 단축을 이행하는 데 뾰족한 비법 같은 것은 없다. 다양한 방향에서 요구가 일어나야 한다.

사회운동: 적게 일하면 지구와 우리의 미래를 구할 수 있다

이 책에서 확인했듯 자유시간을 쟁취하기 위한 투쟁은 근본적으로 환경정의와 사회정의를 위한 투쟁이기도 하다. 따라서 오늘날의 사회운동은 사회 전반에서 노동시간 단축의 장점을 강조하는 정치적 요구를 통합하고 활용할 필요가 있다.

직접행동을 통해 기후부정의를 해결하고자 하는 오늘날의 사회운동 가운데에는 멸종반란Extinction Rebellion이 있다. 멸종반란은 템스강을 가로지르는 주 교통노선 몇 개를 봉쇄한 2018년 11월 런던 시위 이후로 주요 인프라를 중단시키고 최대한 많은 혼란을 초래할 뿐만 아니라 경찰의 대량 체포를 자초하는 것을 목표로 한 시민불복종 전략을 구사해왔다.[7] 직접행동이라는 멸종반란의 전략 형태의 장점이나 위험을 평가할 의도는 없지만[8] 최근 이 운동에 대한 대중적 지지가 줄어든 이유 중 하나는 그것이 **반대하는 것 너머로** 전략적 비전을 분명히 밝히지 못하는 데서 기인하는 듯하다. 기후캠프와 점령하라 운동의 실패가 보여주듯이 그저 현 질서를 유예시키는 것만으로는 충분치 않다. 정치적 요구는 부정의에 대한 감각만이 아니라 더 나은 미래에 대한 감각, 그러니까 우리 일상생활을 개선하는 것과 직접 관련된 감각을 일깨우고 그런 것들이 연계된 계급투쟁의 형태로 표출될 필요가 있다.

따라서 주당 노동시간 단축을 요구하는 것은 집단 조직화와 파업 활동이 결집하는 기반이 될 수 있다. 우리는 아이슬란드에서 1975년 10월 24일에 열린 '기나긴 금요일' 행사에서 이런 종류의 부추김 효과를 확인했다. [여성에게 영향을 미치는 정책과 이슈에 중점을 두는 기간이었던] 유엔의 여성을 위한 10년 중 첫날이었던 그날, 아이슬란드 여성들은 그 섬의 남성들에게 여성들이 가정과 공적인 일터 모두에서 직면하는 환경부정의와 사회부정의를 보여주기 위해 지불노동과 부불노동을 모두 중단하고 단체로 휴가를 가졌다.[9] 아이슬란드 여성의 90%가 이 파업에 참여했고 전국 20여 곳에서 집회가 열렸다(가장 규모가 컸던 레이캬비크에서는 2만 5000명의 여성이 참석했다. 인구가 22만 명밖에 안 되는 나라에서 믿기 힘든 숫자였다).

이런 집단행동의 정치적 효과는 구체적이었고, 지금도 여전히 이 나라에서 느껴진다. 이 행사가 개최되고 1년 뒤 아이슬란드는 직장 및 학교에서의 성차별을 금지하는 젠더평등법을 통과시켰다.[10] 게다가 이 캠페인의 주요 조직자 중 한 명인 비그디스 핀보가도티르Vigdis Finnbogadottir는 세계 최초로 민주적인 방식에 의해 선출된 여성 국가 수장이 되었다.[11]

오늘날에는 기나긴 금요일과 비슷한 무언가

가 기후파업 시위라는 형태로 전 세계적인 차원에서 들불처럼 번지고 있다. '미래를 위한 금요일'이라는 구호 아래 조직되어 규모가 점점 늘고 있는 이 운동에 참여하기 위해 전 세계 어린이들이 거리로 나와 기후위기와 사회부정의의 원인이 겉핥기식 대응만 일삼는 정치의 무능임을 강조하고 있다. 기나긴 금요일 파업, 미래를 위한 금요일 운동이 만들어낸 정치적 탄력에서 영감을 얻어야 한다. 지불노동과 부불노동을 집단적으로 거부하고 전 세계 학생들과 함께 파업을 벌임으로써 노동의 도구적 가치를 드러내는 동시에, 하루의 노동일을 모든 형태의 사회정의를 위해 싸우는 시간으로 공개적으로 재천명할 수 있을 것이다.[12]

적게 일하기 위한 투쟁에서 승리하는 것은 하루 노동시간에 대한 **정량적인** 감정을 바꾸는 것과도 관계가 있을 것이다. 세계 많은 나라에서 토요일은 고된 노동으로부터 자유로운 날이라는 생각이 일반적으로 받아들여지고 있지만, 이는 원래부터 그랬던 것이 아니라 역사적 성취라는 사실을 인식할 필요가 있다. 20세기 초까지만 해도 대다수 노동자들은 오늘날 많은 사람들이 당연시하는 이틀간의 주말을 누리지 못했다. 이틀간의 주말이 일반적으로 받아들여진 것은 노동자가 매주 이틀을 연이어 쉴 수 있는 권리를 정치적 의제로 만들고 캠페인을 벌인 노동조합과 사회운동이 힘겨운 투쟁 끝에 얻어낸 승리 덕분이었다.

20세기 노동자운동이 이틀간의 주말을 위해 싸웠듯, 21세기에는 금요일을 일하지 않는 날로 지정하기 위해 싸울 수 있을 것이다. 하지만 오늘날 이 투쟁은 더 이상 공장에 국한되지 않고 가정에서 여성이 부불 노동자로서 수행하는 노동에 도전하고 이를 되찾는 과정을 거치며 모든 사회 영역에서, 그리고 우리 아이들의 미래 세계에서도 벌어져야 한다.

노동조합: 역사를 재가동하는 시간

노동시간 단축을 위한 이 역사에서 공통된 한 가지 주제는 노동조합이 해왔던 귀한 역할이다. 로버트 스키델스키Robert Skidelsky가 지적하듯이 노동시간이 크게 줄어든 것은 노동조합의 세가 강했던 시기와 일치한다.[13] 1919년 이전에 영국의 주당 노동시간은 50시간에서 60시간 사이였다. 20세기의 주당 노동시간 단축 캠페인은 1890년대에 호응을 얻었고, 1910년이 되자 영국 노동자 110만 명 이상이 주 48시간 노동을 하게 되었다.[14] 1914년에 제1차 세계대전이 발발했을 때 노동조합은 기세를 꺾고 정부가 전쟁에 매진할 수 있도록 노동시간을 늘리는 데 동의했다. 하지만 이는 이후 주당 노동시간 단축을 국가적으로 제도화한다는 전제하에 이루어진 일이었다. 노동조합의회의 지적에 따르면 "1919년 노동조건에 대한 최초의 국제협약은 하루 8시간, 주 48시간의 노동시간을 확립했다."[15]

노동조합이 가진 영향력이 커짐에 따라, 또 조합원들을 위해 좀 더 나은 노동조건을 얻어냄에 따라 조합원 수가 늘어나 1920년에는 830만 명에 이르렀다. 나머지 산업국가에서도 이와 유사한 노동시간 감축을 경험했지만 영국은 노조의 행동이 독보적이었다는 점에서 남달랐다. 결의재단 보고서에 따르면 1919년에 평균 노동시간이 단번에 최대로 단축된 것은 수년에 걸친 노동조합 캠페인을 통해 실시된 광범

위한 단체협약 합의의 결과였다.[16] 노동조합 운동이 노동시간 단축의 명분을 주도하는 상황에서, 고용주와 정부는 노동시간을 확대하기가 점점 어려워졌다. 1919년 조지 스퀘어 전투*와 1926년 총파업**은 노동조합이 작업장 안팎에서 노동자의 자유를 위해 싸우겠다는 의지와 조직된 노동자의 힘을 보여주었다.

1980년대 이후로 영국에서는 노동조합원 수가 꾸준히 감소했다. 조직된 노동자에게 적대적이었던 마거릿 대처의 신자유주의적 반혁명의 영향은 오늘날까지도 계속 감지된다. 2016년 영국 민간 부문 노동자 가운데 단체협약 합의사항의 보장을 받는 건 16%뿐이다.[17] 신자유주의 개혁을 거치면서 노동조합의 힘이 계속해서 약해지자 노동시간 단축은 노조의 제한된 의제에서 슬며시 빠져나갈 수밖에 없었다. 가장 우익인 보수당 정부의 한 세대에 걸친 집권에 노동

* [옮긴이주] 제1차 세계대전 직후 스코틀랜드 글래스고의 조지 스퀘어에서 노동시간 단축을 통한 일자리 확대를 요구하며 파업 중이던 노동자들이 경찰과 폭력적인 대치를 하게 된 사건.

** [옮긴이주] 전후 광산업의 쇠락으로 인한 광산노동자 해고에 맞서 노동조합의회가 벌인 9일간의 파업으로 영국 역사상 최대 규모의 파업으로 평가받는다.

조합에 적대적인 법까지 더해지면서, 언뜻 보기에도 노동조합주의의 르네상스가 일어날 만한 기름진 토양이 마련되지는 않았다. 하지만 푸른 싹이 움트고 있다는 증거가 나타나기 시작했다. 2019년 노동조합 가입 노동자 수가 9만 1000명 증가했고, 이로써 수년간의 감소세 이후 3년 연속 조합원 수가 증가한 해를 기록했다.[18] 2019년의 수치는 조합원 수가 잉글랜드, 웨일즈, 스코틀랜드 전역에 걸쳐 공공 부문과 민간 부문 모두에서 증가했다는 점 역시 보여주었다.[19] 노동조합은 일시휴가 프로그램을 이행하고 지속하는 데 핵심 역할을 맡음으로써 대중에게 노동조합이 경제침체 및 위기의 시기에 일자리를 보호하기 위해 중요한 역할을 할 수 있음을 각인시켰다.

코로나는 노동조합이 단기적으로 일자리와 생계를 보호하는 데 핵심적인 역할을 하고 성장할 기회를 제공하지만 우리의 노동 방식에 대한 기술과 환경의 심대한 도전은 노동조합으로 하여금 장기적인 전략 역시 마련할 것을 요구한다. 앨리스 마틴Alice Martin과 애니 퀵Annie Quick이 《새 노동조합》에서 주장하듯이[20] 기후변화와 자동화의 위협은 노동조합이 방어적인 태도(가령 자동화가 야기하는 일자리 유실에 저항하는 것)에서, 가령 노동자에게 이로운 방식으로 기술의 경제적·사회적 사용 방식에 영향을 미칠 방법을 찾아내는 것과 같은 적극적인 태도로 방향을 전환할 것을 요구한다.[21] 노동조합원들을 위해 노동시간 단축을 요구하는 것은 자유시간을 위한 투쟁에서 승리해온 노동조합의 자랑스러운 역사를 부활시키는 한편 기술과 환경의 위협에 맞서는 것이기도 하다.

예컨대 최근 배턴을 넘겨받은 통신노동조합 Communication Workers Union, 13만 4000여 명의 우편 노동자를 대변하는 이 조직은 주당 39시간이었던 노동시간을 35시간으로 점차 단축시키는 한편 조합원들의 임금을 동일하게 유지해달라는 주장을 해왔다. 이들은 많은 택배처리시설의 자동화에서 비롯된 생산성 향상의 수혜를 주주들만 누려서는 안 된다고 주장한다. 아일랜드에서는 최근 노동조합 포르사가 임금 삭감 없는 주 4일 노동 형태로 경제 전반에서 노동시간을 단축해야 한다는 데 목소리를 보탰다. 이는 부분적으로는 "새로운 기술과 개선된 노동 조직 방식에서 비롯된 생산성 향상"에 대한 대응이다.[22]

독일에서 두 번째로 큰 노동조합인 베르디 Verdi는 최근 대중교통 노동자를 위한 단체협상 절차에 들어갔다. 협상에는 사회 전반에 걸쳐 노동시간을 주 35시간으로 단축하기 위한 캠페인도 포함될 것이다.[23]

이런 맥락에서, 21세기에 노동시간 단축을 달성하기 위해서는 노동조합이 자유시간을 위한 노력을 국제적인 차원에서 결집하는 것이 무엇보다 중요할 것이다. 마틴과 퀵이 강조하듯이 여러 위기 앞에서 자유시간에 대한 요구는 노동조합이 노동을 옹호하는 입장에서 "여가시간 증가를 통한 노동자의 노동으로부터의 자유"를 옹호하는 입장으로 중심축을 옮긴다는 의미다.[24]

정당: 권력 형성과 희망 제시

2019년 노동당 회의에서 당시 그림자내각 재무장관 존 맥도널은 향후 10년간 주 32시간 노동으로 전환하는 것이 당의 공식 정책이라고 발표했다. 이런 정책을 포용했다는 것은 노동당 지도부의 전략적인 방향이 2017년 선언문을 넘어섰음을 보여주었다. 주당 노동시간 단축은 그린뉴딜 같은 정책들과 함께 저널리스트 조지 이튼George Eaton이 말한 코비니즘Corbynism의 결과였다. 이는 신자유주의를 되돌릴 뿐만 아니라 21세기에 맞는 새로운 사회주의를 만들고 소통하고자 했던 경제사회 프로그램이었다.[25]

하지만 같은 해 총선에서 처참하게 패배하면서 제러미 코빈Jeremy Corbyn과 맥도널의 주도로 윤곽을 잡았던 급진적인 경제사회 프로그램들은 혹독한 검증을 받았다. 노동당이 선거에서 실망스러운 성적표를 받게 된 것은 주로 브렉시트에 대한 입장과 지도자로서 별로 인기가 없었던 코빈 때문인데도[26] 정치 논평가들과 노동운동가들은 선언문의 공약을 이행할 수 있을지에 대한 자신들의 주관적인 생각에 집중했다. 주당 노동시간 단축 정책은 무료보편광대역 서비스와 국가 차원의 돌봄 서비스와 함께, 전체를 아우르는 뼈대가 없었고, 그래서 선거구민들은 개별적으로 실현 불가능한 선거 공약의 집합으로 인식했다.

하지만 개별적으로 인기 있는 정책들은 대중이 집합적인 프로그램을 받아들이지 않는 한 쓸모가 없다. 노동당의 사례에서 대중은 당이 그 풍요로운 공약들을 이행할 능력이 있다고 믿지 않았다. 사실 노동당이 주 4일 노동, 무료보편광대역, 국민연금 불평등에 반대하는 여성들에 대한 580억 파운드의 보상 같은 공약을 추가했을 때 대중은 밑 빠진 관대함에 당혹스러워했다.[27]

총선 패배의 책임을 지고 제러미 코빈과 존 맥도널이 각각 당수와 그림자내각 재무장관직을 내려놓으면서, 노동당 정부가 노동시간에 관해 급진적인 정책을 실시하리라 희망했던 운동가들은 큰 타격을 받았다. 게다가 총선에서 시작된 비방전과 그로 인한 심각한 분열 때문에 이런 정책은 노동당이 경제적으로 부강한 시기에만 추구해야 하는 경제적 '사치'이거나 전략적으로 '순진하고', '인기 없는' 정책이라는 인식이 팽배해졌다. '새로운 경영진이 맡게 된' 노동당은 앞으로 과거의 선언문에 들어간 '급진적인' 부분들에서 멀어져 중도 지점을 향해 움직이고자 하는 유혹을

느낄 것으로 보인다.

하지만 이 서사는 두 가지 중요한 사실을 착각하게 만든다. 첫째는 가장 대대적인 노동시간 감축이 경제적 부강기가 **아닌** 두 차례의 파멸적인 세계대전 이후에 일어났다는 사실이다. '경제가 개선된 뒤에야' 더 많은 자유시간을 비롯한 향상된 생활수준을 누릴 수 있다는 생각은 우리가 너무 자주 빠지는 함정이다. 이런 프레이밍은 그냥 받아들일 것이 아니라 맞서야 한다. 우리 경제에는 이미 막대한 양의 부가 있지만 분배는 믿을 수 없을 만큼 형편없다. 사적인 부의 약 50%(7조 파운드)를 겨우 12%밖에 안 되는 가구가 보유하고 있고, OECD 내에서 소득을 기준으로 했을 때 영국은 아홉 번째로 불평등한 나라다.[28]

둘째, 이 정책은 코비니즘과 함께 묻힌 게 아니라 여전히 인기 있을 뿐만 아니라 진보 진영 전반에 걸쳐 점점 더 많은 정치적 지지를 얻고 있는 듯하다. 2020년 여름에 실시된 설문조사 결과는 주 4일 노동이 지나치게 급진적인 정책이 아니라 사실 그 반대로 인식되고 있음을 시사한다. 노동자와 산업계 모두에게 적게 일하기가 점점 상식으로 자리 잡고 있는 것이다. 대중의 63%가 주 4일 노동 도입을 지지했고 반대는 12%에 불과했다. 더욱이 보수당 성향 중에는 57%, 노동당 성향 중에는 70%가 우호적이었다.[29] 산업계 지도자 515명은 주 4일 노동에 대한 지지 여부를 묻는 질문에 79%가 이 생각에 '상당히' 또는 '대단히 열려 있다'고 응답했으며, 부정적이라고 응답한 사람은 17%뿐이었다.[30]

영국뿐만 아니라 전 세계적으로 주당 노동시간 단축 요구가 진보정당의 전체 스펙트럼에서 지지를 모으고 있다. 스코틀랜드의 여당 대표 니컬라 스터전Nicola Sturgeon은 코로나 팬데믹 기간 동안 노동자에게 가중된 돌봄 책임을 의식해, 기업체가 노동자에게 임금 삭감 없이 주 4일 노동을 허용해야 한다고 공개적인 지지를 보냈다.[31] 뉴질랜드 총리 저신다 아던과 핀란드의 산나 마린 같은 다른 저명한 진보 성향 정치인들 역시 일과 생활의 균형을 더 잘 잡을 수 있는 사회조건을 창출하고 유연한 노동을 강화하기 위해 주 4일 노동에 대한 지지를 표명했다.[32]

예상대로 버니 샌더스Bernie Sanders와 알렉산드리아 오카시오-코르테스 같은 저명한 사회주의

인사들 역시 노동자의 권익 신장을 위한 노동시간 단축 정책을 지지하는 발언을 했다.[33] 스페인 부총리 파블로 이글레시아스Pablo Iglesias는 연합정부가 주 4일 노동으로 노동시간을 단축할 가능성을 검토하고 있으며[34] 스페인 노동부는 노동시간 단축을 희망하는 기업에 시범적인 보조금 정책을 도입할지 여부를 고려 중이라고 발표했다.[35]

노동당이 효과적이면서도 실현 가능한 방식으로 자신들의 선언을 압축하고 소통하고자 애쓴 것은 사실이지만 최근 선거에서 소위 '진보적 다수'가 좌파에 보낸 단호한 적개심은[36] 정치적 중도파들이 편협하고 비타협적인 입장을 채택했음을 보여준다. 하지만 아무리 코빈의 노동당이 총선에서, 또는 미국 민주당의 샌더스가 대선에서 승리한다 해도 이들은 **권력을 쥐는 게 아니라 정부를 운영하는 데 그치리라는 것**이 현실이다. 제러미 길버트Geremy Gilbert의 말마따나 그 어떤 좌파 정부도 "자신들을 뒷받침하고, 미디어에서 적수에 맞서며, 자본가로부터의 경제적 협박에 분연히 맞서 일어나는 노동자, 시민, 운동가들로 구성된 대대적인 운동" 없이는 개혁 프로그램을 성공적으로 이

행한 사례가 없다.[37]

가장 낙천적인 코빈이나 샌더스 지지자라도 40년에 걸친 신자유주의 헤게모니 이후 공고해진 자본주의 세력의 강고함 때문에 각각의 정책 의제를 이행하는 것은 엄청나게 어려우리라는 점을 인정할 수밖에 없을 것이다. 길버트가 구변 좋게 주장하듯 "중요한 것은 누가 정부를 운영하느냐가 아니라 사회 내에서의 전반적인 세력 균형이다."[38] 그러므로 주 4일 노동 같은 급진적인 아이디어가 상호 강화하는 방식으로 권력을 구축하는 프로젝트에 통합되는 것이 중요하다. 일차적으로 이 요구는 노동자가 누릴 막대한 이익에 대한 욕구를 자극하겠지만, 꾸준히 앞으로 나아가고자 한다면 풀뿌리 사회운동과 노동조합의 지원을 통해 강화될 필요가 있을 것이다. 이런 대중의 압박이 거세진 상황에서 목표는 중도 및 좌파 성향의 정치 정당들이 노동시간 단축을 선거에서뿐만 아니라 집권기에도 지지를 모으고 옹호할 수 있는 정책 영역으로 여기도록 압박하는 것이다.[39]

주당 노동시간 단축 투쟁은 그야말로 투쟁이다. 급진적인 정책 의제를 옹호하는 주장이 좌파 정당 안에서 당원과 운동가와 진보적인 싱크탱크와 언론인을 통해 생명을 유지하는 동안 자유시간을 위한 투쟁은 작업장과 사회 전체에서 권력을 구축함으로써 승리에 이르게 될 것이다. 앞에서 개괄했듯 이 변화의 행위자들은 노동조합뿐만 아니라 우리 자신이 주인공인 역사적 순간을 날카롭게 의식하는 정치인들과 사회운동이기도 할 것이다. 이와 함께 지속가능성과 젠더평등, 인간의 번영, 그리고 무엇보다 **자유**를 바탕으로 한 미래에 대한 새로운 서사를 확립하고 소통함으로써 이 세력들은 우리의 노동생활에 거대한 변화를 몰고 올 능력을 갖추게 될 것이다.

주

서론 자본주의 그 자체만큼이나 오래된 싸움

1 오스트레일리아 석공들보다 조금 앞서 1840년 초에 고용주로부터 8시간의 노동시간을 쟁취한 아오테아로아(뉴질랜드)의 목수 사뮤엘 파넬Samuel Parnell이 있었다.

2 Sparrow, J. and Sparrow, J., *Radical Melbourne* (Carlton North, Victoria: Vulgar Press, 2001).

3 Ibid.

4 다음을 보라. Kelly, J. 'Finland Prime Minister's Aspirational Goal of a Six-Hour, Four-Day Workweek: Will It Ever Happen?', Forbes, 2020. Available from: forbes.com/ sites/ jackkelly/2020/01/08/finlands-prime-ministers- aspirational- goal- of- a- six- hour- four- day- work week-will-this-ever-happen. 다음도 보라. Elliott, L., 'John McDonnell pledges shorter working week and no loss of pay', *The Guardian*, 2019. Available from: theguard- ian.com/ politics/ 2019/ sep/ 23/ john- mcdonnell- pledges-shorter-working-week-and-no-

loss-of-pay. 저신다 아던에 대해서는 다음을 보라. Roy, E., 'Jacinda Ardern flags four- day working week as way to rebuild New Zealand after Covid-19', *The Guardian*, 2020. Available from: the guardian.com/world/2020/may/20/jacinda-ardern- flags-four-day-working-week-as-way-to-rebuild-new- zealand-after-covid-19.

5 Paul, K., 'Microsoft Japan tested a four-day work week and productivity jumped by 40 per cent', *The Guardian*, 2019. Available from: theguardian.com/technology/ 2019/nov/04/microsoft-japan-four-day-work-week- productivity.

6 Fox-Leonard, B., 'Fitter, happier, more productive: what it's really like to work for a company where no one does a five-day week', The Telegraph, 2020. Available from: telegraph.co.uk/family/life/fitter-happier-productive- really-like-work-company-no-one-does.

7 Gopal, P., *Insurgent Empire: Anticolonial Resistance and British Dissent* (London: Verso Books, 2019); Ramdin, R., *The Making of the Black Working Class in Britain* (London: Verso Books, 2017).

8 Kara, S., *Modern Slavery: A Global Perspective* (New York: Columbia University Press, 2017).

9 Piketty T., *Capital in the Twenty-First Century* (Harvard: Harvard University Press, 2014).

10 ONS, 'Total Wealth in Great Britain: April 2016 to March 2018', 2019. Available from: ons.gov.uk/people- populationandcommunity/personalandhouseholdfinances/incomeandwealth/bulletins/totalwealthingreatbritain/april2016tomarch2018.

11 Christophers, B., *Rentier Capitalism: Who Owns the Economy, and Who Pays for It?* (London: Verso, 2020); Standing, G., *The Corruption of Capitalism: Why Rentiers Thrive and Work Does Not Pay* (London: Biteback, 2017).

12 TUC, 'Workers in the UK put in more than £35 billion worth of

unpaid overtime last year – TUC analysis', 2020. Available from: tuc.org.uk/news/workers-uk- put-more-ps35-billion-worth-unpaid-overtime-last-year-tuc-analysis.

13 TUC, 'Annual commuting time is up 21 hours compared to a decade ago, finds TUC', 2019. Available from: tuc.org.uk/news/annual-commuting-time-21-hours- compared-decade-ago-finds-tuc.

14 Cribb J. et al., 'Living standards, poverty and inequality in the UK', 2018. Institute for Fiscal Studies.

15 Hick R. and Lanau A., In-work Poverty in the UK (Cardiff: Cardiff University, 2017).

16 ONS, 'Contracts that do not guarantee a minimum number of hours: September 2017', 2017. Available from: ons.gov.uk/employmentandlabourmarket/peopleinwork/earningsandworkinghours/articles/contractst-hatdonotguaranteeaminimumnumberofhours/ september2017.

17 BBC, 'Amazon to create 7,000 UK jobs', 2020. Available from: bbc.co.uk/news/business-54009484#:~:text=Online per cent20retail per cent20giant per cent20Amazon per cent20has,workforce per cent20to per cent20more per cent- 20than per cent2040 per cent2C000.

18 HSE, 'Work-related stress, anxiety or depression statistics in Great Britain', 2019. Available from: hse.gov.uk/ statistics/causdis/stress.pdf.

19 Fulton, L., Worker Representation in Europe (Labour Research Department and ETUI, 2013).

20 IER, A Manifesto for Labour Law :Towards a Comprehensive Revision of Workers' Rights (London: Institute of Employment Rights, 2016).

21 Ibid.

22 Alston, P., Statement on Visit to the United Kingdom, by Profes-

sor Philip Alston, United Nations Special Rapporteur on extreme poverty and human rights, 2018. Available from: ohchr.org/Documents/Issues/Poverty/EOM_GB_16Nov2018.pdf, p. 1.
23 Ibid., p. 17.
24 Skidelsky, R., How to Achieve Shorter Working Hours (London: Progressive Economy Forum, 2019). Available from: progressiveeconomyforum.com/wp-content/uploads/2019/08/PEF_Skidelsky_How_to_achieve_shorter_working_hours.pdf.
25 Frayne, D., The Work Cure: Critical Essays on Work and Wellness (Monmouth: PCCS Books, 2019), p. 122.
26 Bregman, R., 'The solution to just about everything: Working less', The Correspondent, April 2016. Available from: thecorrespondent.com/4373/the-solution-to-just- about-everything-working-less/168119985-db3d3c10.

1장 노동중독 사회에서 살아가기

1 Reform Committee of the South Wales Miners, 'The Miners' Next Step', in Coates, K. and Topham, T. (eds) Workers' Control (London: Panther Books, 1970), pp. 23–4.
2 자본주의의 내부 논리를 이해하는 데에도 도움이 될 수 있다.
3 마르크스의 이론은 그 자신이 인정한 바에 따르면 자본주의 경제와 노동시간의 기본적인 좌표들과 논리를 증류한 것이다. 즉 그것은 모든 예외를 망라하지는 않는다. 소수의 기업들이 실제로 더 많은 자유시간과 일반적으로 말하는 노동 바깥의 생활에 대한 노동자들의 필요와 욕구를 인정하는 것은 사실이다. 그럼에도 불구하고 일부 비즈니스 소유주가 진보적인 성향을 띨 수 있기는 해도 이윤(과 생산성)의 최저선은 구조적 역량 속에서 지속된다.
4 Marx, K., *Capital: A Critique of Political Economy*, Volume One, trans. by Ben Fowkes (London: Penguin, 1990), p. 375.

5 Ibid., p. 381.

6 Suzman, J., *Work: A History of How We Spend Our Time* (London: Bloomsbury, 2020).

7 Patel, R. and Moore, J., *A History of the World in Seven Cheap Things: A Guide to Capitalism, Nature, and the Future of the Planet* (London: Verso, 2020). [백우진·이경숙 옮김, 《저렴한 것들의 세계사》, 북돋움, 2020]

8 Ibid., p. 96; Applebaum, H. A., *The Concept of Work: Ancient, Medieval and Modern* (Albany: State University of New York Press, 1992); Komlosy, A., *Work: The Last 1,000 Years* (London: Verso, 2018).

9 Patel and Moore, *A History of the World*, p. 109.

10 자본주의 경제의 농업적인 기원은 브레너가 아주 깊이 있게 논한다. (in Aston, T. H. and Philpin, C. H. E. (eds), *The Brenner Debate: Agrarian Class Structure and Economic Development in Pre-Industrial Europe* (Cambridge: Cambridge University Press, 1985); and Meiksins Wood, E., *The Origins of Capitalism: A Longer View* (London: Verso, 2017).

11 마르크스는 이 과정을 가리켜 '시초축적'이라고 했다(마르크스, 《자본론》). 이것과, 이에 관련된 다른 과정에 대한 요약은 파텔과 무어의 《저렴한 것들의 세계사》에서 '저렴한 노동'이라는 간결한 장을 보라.

12 다음을 보라. Elsworthy, E., 'A quarter of British adults have no savings, study reveals', *The Independent*, 2018. Available from: independent.co.uk/news/uk/home-news/ british-adults-savings-none-quarter-debt-cost-living- emergencies-survey-results-a8265111.htm.

13 Anderson, E., *Private Government* (Princeton: Princeton University Press, 2017).

14 Peterson, J. S., *American Automobile Workers, 1900 – 1933* (Albany: State University of New York, 1987), pp. 57, 72.

15 Anderson, *Private Government*, p. 49.

16 다음을 보라. Goodley, S. and Ashby, J., 'Revealed: how Sports Direct effectively pays below minimum wage', *The Guardian*, 2015. Available from: theguardian.com/ business/2015/dec/09/how-sports-direct-effectively- pays-below-minimum-wage-pay.

17 다음을 보라. Goodley, S., 'Mike Ashley running Sports Direct like "Victorian workhouse"', *The Guardian*, 2016. Available from: theguardian.com/business/2016/jul/22/mike-ashley-running-sports-direct-like-victorian- workhouse.

18 다음을 보라. Sainato, M., '"I'm not a robot": Amazon workers condemn unsafe, grueling conditions at warehouse', *The Guardian*, 2020. Available from: theguardian.com/ technology/2020/feb/05/amazon-workers-protest- unsafe-grueling-conditions-warehouse.

19 Felstead, A., Green, F., Gallie, D. and Henseke, G., *Work Intensity in Britain: First Findings from the Skills and Employment Survey 2017* (Cardiff: Cardiff University, 2018). Available from: cardiff.ac.uk/__data/assets/pdf_ file/0009/1309455/4_Intensity_Minireport_Final.pdf.

20 Ibid: "교사와 간호사 모두 노동강도 상승에 따른 영향이 크게 확대되는 경험을 했다. 교사 열 명 가운데 아홉 명 가까이가 퇴근 후 자주 또는 항상 진이 빠진다고 응답했는데, 2006년에는 네 명 가운데 세 명 꼴이었다. 간호사의 경우 1990년대에는 25%였다가 2000년대 들어서는 73%로 크게 늘어났다. 교사 열 명 가운데 네 명 가까이가 고강도 일자리로 분류될 수 있다. 전체 노동자 가운데 고강도 일자리는 17% 수준이다."

21 HSE, 'Work-related stress, anxiety or depression statistics in Great Britain, 2020', 2020. Available from: hse.gov.uk/statistics/causdis/stress.pdf.

22 Murray, N., *Burnout Britain: Overwork in an Age of Unem-*

ployment (London: Autonomy, Compass and the 4 Day Week Campaign, 2020). Available from: autonomy.work/wpcontent/uploads/2020/10/4DW-mentalhealth_cumpass_4dwcORANGE_C-v2.pdf.

23 Morris, N., 'We're working an extra "28 hours per month" in lockdown', *Metro*, 2020. Available from: metro.co.uk/2020/05/05/working-extra-28-hours-per-month-lockdown-12654962.

2장 테크놀로지가 해결해주지 못하는 것

1 Williams, R. *Towards 2000* (London: Penguin, 1985), pp. 91 –2.

2 Keynes, J. M., *The Collected Writings of John Maynard Keynes. Volume X: Essays in Biography* (first published 1933), ed. by Robinson, A. and Moggridge, D. (Cambridge: Cambridge University Press, 2013).

3 ILO, *Working Time Around the World* (London: Routledge, 2007).

4 "케인스는 우리의 우월성 콤플렉스는 어쩌면 충족 불가능하다고 말한다." Keynes, J. M., *The Collected Writings of John Maynard Keynes*. Volume X: Essays in Biography (2013, first published 1933). In: Robinson, A. and Moggridge, D. (eds). (Cambridge: Cambridge University Press, 2013).

5 Ibid., p. 366.

6 Ibid., p. 445.

7 Crespo, R., *Philosophy of the Economy: an Aristotelian Approach* (New York: Springer, 2013), p. 105.

8 Skidelsky, R. *How to Achieve Shorter Working Hours* (London: Progressive Economy Forum, 2019). Available from: progressiveeconomyforum.com/wp-content/uploads/2019/08/PEF_Skidelsky_How_to_achieve_shorter_working_hours.pdf.

9 Bolt, J., Timmer, M. and Luiten van Zanden, J., 'GDP per capita

since 1820', in Luiten van Zanden, J. et al. (eds) *How Was Life? Global Well-being Since 1820* (OECD Publishing, 2014), dx.doi.org/10.1787/97892 64214262-7-en.

10 다음을 보라. Jones, J., 'What Can 19th Century Labour Activists Teach Us About Transforming Work After Covid?', Autonomy, 2020. Available from: autonomy.work/ portfolio/19thcentury-workingtime.

11 Scott, P. and Spadavecchia, A. 'Did the 48-hour week damage Britain's industrial competitiveness?', *Economic History Society* 64: 4, 2011, 1266-88.

12 Jones, 'What Can 19th Century Labour Activists Teach Us?'; Hutchins, B. L. and Harrison, A., *A History of Factory Legislation* (London: P. S. King & Son, 1911).

13 Bangham, G., *The Times They Aren't a-Changin'* (London: Resolution Foundation, 2020). Available from: resolutionfoundation.org/app/uploads/2020/01/The-times-they-arent-a-changin.pdf.

14 Gorz, A., *Capitalism, Socialism, Ecology* (London: Verso, 1994), p. 45.

15 Marcuse, H., *Eros and Civilization: A Philosophical Enquiry into Freud* (London: Abacus, 1973), p. 152.

16 Ibid., p. 156.

17 마르쿠제의 주장은 '완전한 자동화'나 '럭셔리 공산주의'를 옹호하는 최근 주장들의 전조에 해당한다. 다음을 보라. Srnicek, N. and Williams, A., *Inventing the Future: Postcapitalism and a World Without Work* (London: Verso, 2015); and Bastani, A., *Fully Automated Luxury Communism: A Manifesto* (London: Verso, 2019).

18 다음을 보라. Benanav, A. *Automation and the Future of Work* (London: Verso, 2020); and Smith, J. *Smart Machines and Service Work: Automation in an Age of Stagnation* (London: Reaktion Books, 2020).

19 West, E.G., 'Adam Smith's Two Views on the Division of Labour',

Economica 31:121, 1964, 23–32.

20 Smith, A., *An Inquiry into the Nature and Causes of the Wealth of the Nations* (Indianapolis: Liberty Classics, volume 2, 1976), pp. 781–2.

21 Russell, B., *Roads to Freedom* (Nottingham: Spokesman Books, 2006), p. 88.

22 Ibid., p. 89.

23 Bataille, G., *The Accursed Share*, Volume I, trans. by R. Hurley (London: Zone Books, 1988); Bataille, G., *The Accursed Share*, Volumes II and III, trans. by R. Hurley (London: Zone Books, 1992).

24 Weeks, K., *The Problem with Work: Feminism, Marxism, Anti-Work Politics, and Post-Work Imaginaries* (Durham: Duke University Press, 2011), p. 86. [제현주 옮김, 《우리는 왜 이렇게 오래, 열심히 일하는가》, 동녘, 2016]

25 Ibid., p. 83.

26 경영진이 작업장에 가하는 압력은 통상 20세기 초 프레드릭 테일러의 '과학적 관리' 연구를 지칭하는 '테일러주의'와 동일한 것으로 언급된다. 테일러의 주요 논지—직원을 최대한 활용하려면 이들의 시간, 심지어는 몸동작을 최대한 정밀하게 통제해야 한다—는 이후 전 세계 경영 전략의 근간이 된다. 해리 브레이버먼은 테일러주의를 '자본주의 생산양식의 동사화'라고 부르기도 한다. Braverman, H., *Labour and Monopoly Capital: The Degradation of Work in the Twentieth Century* (New York: Monthly Review Press, 1974), p. 60.

27 Lenin, V. I., 'A Scientific System of Sweating', in *Collected Works*, Vol. 18 (London: Lawrence and Wishart, 1963), pp. 594–5.

28 Lenin, V. I., 'The Urgent Problems of the Soviet Rule: Higher Productivity of Labor', in *Collected Works*, Vol. 27 (Moscow: Progress Publishers, 1965; originally published in 1918), p. xxii.

29 Lenin, V. I., *Selected Works* (New York, NY: International Publishers, 1971; originally published 1918), p. 417.

30 Lenin, V. I., *Selected Works* (New York, NY: International Publishers, 1971; originally published 1918), p. 417.

31 Dyer-Witheford, N., *Cyber-Marx: Struggles and Circuits of Struggle in High-Technology Capitalism* (Chicago: University of Illinois Press, 1999), p. 9. [류현·신승철 옮김, 《사이버-맑스》, 이후, 2003]

32 Weeks, *The Problem with Work*, p. 84. '그린뉴딜' 지지자들에게서도 비슷한 속성들을 발견할 수 있다. 4장을 보라.

33 여러 면에서 문제는 산업주의가 자본주의보다 더 오래 살아남을 것인가다. 포스톤 같은 저자들에게 이것은 불가능하다. 두 가지는 불가분하기 때문이다. Postone, *Time*을 보라.

34 Weeks, *The Problem with Work*, p. 86.

35 이는 가령 노동은 선한 삶으로 가기 위한 수단에 불과하다는 케인스의 상식을 자극한 아리스토텔레스의 윤리학과 정반대되는 입장이다. '노동 독단론'은 데이비드 프레인이 더 깊이 있게 파고든 개념이다. Frayne, D., *The Refusal of Work* (London: Zed Books, 2015).

36 Weeks, *The Problem with Work*, p. 87.

37 Ibid., p. 107.

38 예를 들어 앙그레 고르의 많은 저작들과 Postone, *Time* 등을 보라. 고르의 저작으로는 다음의 사례가 있다. Gorz, A., *Farewell to the Working Class* (London: Pluto, 1982). [이현웅 옮김, 《프롤레타리아여 안녕》, 생각의나무, 2011]

39 전략에 대한 더 깊은 논의는 5장을 보라.

40 Chapman, B., 'Majority of UK workers support four-day working week, study finds', *The Independent*, 2019. Available from: independent.co.uk/news/ business/news/four-day-working-week-pay-trans- parency-yougov-poll-a8941891.html; Smith, M., 'Eurotrack: Europeans support introducing a four day working week', YouGov, 2019. Available from: yougov.co.uk/topics/economy/articles-reports/2019/ 03/15/eurotrack-europeans-sup-

port-introducing-four-day-w.

41 TUC, 'A future that works for working people', 2018. Available from: tuc.org.uk/research-analysis/reports/ future-works-working-people.

3장 여성의 시간은 더 빠르게 흘러간다

1 Federici, S., *Revolution at Point Zero: Housework, Reproduction, and Feminist Struggle* (New York: Autonomedia, 2012 [1975]), p. 22. [황성원 옮김,《혁명의 영점》, 갈무리, 2013]

2 이 주제에 대한 유용한 자료는 다음을 보라. :Trafford, J., 'Race and Work' factsheet, Autonomy, 2018. Available from: autonomy.work/wp-content/uploads/2018/11/Race-and- Work-V4-3.pdf; Gebrial, D. 'Dangerous Brown Workers: How Race and Migration Politics Shape the Platform Labour Market', in Muldoon, J. and Stronge, W. (eds) *Platforming Equality* (Hampshire: Autonomy, 2020). Available from: autonomy.work/portfolio/platformingequality.

3 헤스터는 재생산노동을 "미래의 노동자를 양육하고 현재의 노동력을 재생시키며, 노동능력이 없는 사람들을 관리하는 활동, 즉 일상적으로, 그리고 세대에 걸쳐 생활을 관리하고 재생산하는 일단의 일"이라고 정의한다. Hester, H., 'Care Under Capitalism: The Crisis of "Women's Work"', IPPR 24: 4, 2018, 343-52.

4 가정 영역 안에는 바지런한 주부를 이상적인 주체로 여기는, 노동윤리의 거울 이미지 같은 것이 있다. 다음을 보라. Weeks. K., *The Problem with Work: Feminism, Marxism, Anti-Work Politics and Post-Work Imaginaries* (Durham: Duke University Press, 2011).

5 Fraser, N., 'Charting Shifts and Moving Forward in Abnormal Times: An Interview with Nancy Fraser', *An International Journal for Moral Philosophy* 15: 1, 2016, 31.

6 Hall. C., 'The History of the Housewife', in Malos, E. (ed.) *The Politics of Housework* (London: Allison & Busby, 1980).

7 Seabrook, J., 'In and Out of Work: an interview with Jeremy Seabrook', Autonomy, 2018. Available from: autonomy.work/wp-content/uploads/2018/08/Jeremy- Seabrook-interview-V3.pdf.

8 Ibid., p. 61.

9 Pettinger, L., *What's Wrong with Work?* (Bristol: Policy Press, 2019), p. 56.

10 Ibid.

11 어떤 '자연스러운' 또는 '본질적인' 무언가 때문에 여성이 가사노동에 더 적합하다는 주장에 지면을 할애할 필요는 전혀 없다. 달라코스타와 제임스의 표현을 빌리면 "설거지와 청소를 하고 나면 진이 빠지는 것은 남성이나 여성이나 마찬가지다." Dalla Costa, M. and James, S. 'Women and the Subversion of the Community', in Malos, *The Politics of Housework*.

12 Pettinger, *What's Wrong with Work?*, p. 56.

13 The World Bank, 'The World Bank in Gender', 2020. Available from: worldbank.org/en/topic/gender/overview. 1970년 미국에서는 3200만 명의 여성이 노동시장에서 일하는 것으로 확인되었다. 1990년에는 이 수치가 5700만이었고 2009년에는 7200만이었다. Bureau for Labor Statistics, 'Women in the Labor Force, 1970 - 2009'. Available from: bls.gov.

14 ONS, 'Annual Population Survey - Employment by occupation by sex', 2020. Available from: nomisweb. co.uk/datasets/aps168/reports/employment-by-occupation?compare=K02000001; 다음도 보라. Khurana, I. and Kikuchi, L., 'Jobs at Risk Index (JARI)', Autonomy, 2020. Available from: autonomy.work/portfolio/jari.

15 최소한 북반구에서 빈곤선은 보통 해당 국가의 중위 평균 급여의 2/3로 이해된다. 이 데이터의 시각자료는 다음을 보라. Khurana and Kikuchi, 'Jobs at Risk Index'.

16 Arenofsky, J., *Work – Life Balance* (Santa-Barbara:Greenwood, 2017), p. 4.

17 Martin, A. and Scurrah, E., *Reclaiming Women's Time: Achieving Gender Equality in a World with Less Work* (London: New Economics Foundation, 2021).

18 Wood, W., *Despotism on Demand* (Cornell: Cornell University Press, 2020); Cant, C. *Riding for Deliveroo* (London: Polity, 2018). Taylor, 2017, p. 42.

19 Women's Budget Group, 'Women, Employment and Earnings', 2018. Available from: wbg.org.uk/wp-content/ uploads/2018/10/Employment-November-2018-w-cover.pdf.

20 Skills for Care, 'The state of the adult social care sector and workforce in England', 2019. Available from: skillsforcare.org.uk/adult-social-care-workforce-data/ Workforce-intelligence/documents/State-of-the-adult-social-care-sector/State-of-Report-2019.pdf.

21 Hester, 'Care Under Capitalism', pp. 343 – 52.

22 Hester, H. and Srnicek, N., 'The Crisis of Social Reproduction and the End of Work', Open Mind, 2018. Available from: bbvaopenmind.com/wp-content/uploads/2018/03/BBVA-OpenMind-Helen-Hester-Nick-Srnicek-The-Crisis-of-Social-Reproduction-and-the-End-of-Work.pdf. 다음도 보라. Hester, H. and Srnicek, N., *After Work* (London: Verso, 2020).

23 Hester and Srnicek,'The Crisis of Social Reproduction'.

24 영국에서 65세 이상 인구는 오늘날 1160만 명에서 2030년 1540만 명, 그리고 2050년이면 2000만 명 이상으로 증가할 것으로 예상된다. '고령자 중 고령자'(85세 이상)는 오늘날 1600만 명에서 2041년 3200만 명, 그리고 2066년이면 5100만 명으로 곱절씩 증가하여 영국 전체 인구의 7%에 달할 것으로 예상된다. Age UK, 'Later Life UK Factsheet', Available from: ageuk.org.uk/global assets/age-uk/documents/reports-and-publications/later_life_uk_

factsheet.pdf.

25 다음을 보라. Sheryl Sandberg, *Lean In* (New York: Alfred A Knopf, 2013). [안기순 옮김, 《린 인》, 와이즈베리, 2013] 이 입장에 대한 비판으로는 다음을 보라. Nicole Ashcroft, *New Prophets of Capital* (London: Verso/ Jacobin, 2015). [황성원 옮김, 《자본의 새로운 선지자들》, 펜타그램, 2017]

26 ONS, 'Women shoulder the responsibility of "unpaid work"', 2016. Available from: visual.ons.gov.uk/the- value-of-your-unpaid-work.

27 Ibid.

28 앨리 혹실드는 1989년 자신의 책 *The Second Shift: Working Parents and the Revolution at Home*[백영미 옮김, 《돈 잘 버는 여자 밥 잘 하는 남자》, 아침이슬, 2001]에서 '두 번째 교대근무'라는 용어를 만들었다. 던콤과 마스덴은 여성의 '삼중 교대근무'가 지불노동과 가사노동, 가정 구성원과 사랑하는 이들의 감정적 돌봄에 신경 쓰는 일로 구성된다고 분석한다. 'Women's "Triple Shift" (Gender and Emotional Work in Families)', *Sociology Review* 4: 4, 1995, 30.

29 Hargreaves, D., 'Women at work designing a company fit for the future', *Friends Provident*, 2019. Available from: friendsprovidentfoundation.org/wp-content/uploads/ 2019/06/Women-at-work-Download.pdf, p. 5.

30 Weeks, *The Problem with Work*, p. 163.

31 Murray, *Burnout Britain*, p. 5.

32 Ibid.

33 페데리치의 후기 저작 《혁명의 영점》에 실린 가사노동에 대항하는 임금 소책자.

34 Ibid., p. 16.

35 Ibid., p. 18.

36 Reid, M., *The Economics of Household Production* (New York: John Riley, 1934).

37 Gershuny, O. and Sullivan, O., *What We Really Do All Day: Insights from the Centre for Time Use Research* (London: Penguin, 2019).

38 Ibid., p. 143.

39 2018년 영국 통계청은 중간재, 원재료 등이 포함된 부불노동의 총 가치가 1조 2400만 파운드, 즉 영국 전체 GDP의 63.1%라는 추정치를 발표했다(이는 규모 면에서 영국의 비금융기업 부문보다 더 크다). ONS, 'Household satellite account, UK: 2015 ad 2016', 2018. Available from: ons.gov.uk/economy/nationalaccounts/satellite-accounts/ articles/ householdsatelliteaccounts/ 2015and2016estimates.

40 이런 계산은 정치적인 도구다. 페데리치의 표현을 빌리면 "이런 점에서 그 무엇도 우리의 여성적 미덕이 이미 계산 가능한 화폐가치를 가지고 있음을 보여주는 것보다 더 효과적인 것은 없다. 지금까지는 오직 자본을 위해 그 양이 늘어났다는 점에서 우리는 패배했지만, 지금부터는 자본을 거역하고 우리 자신을 위해 권력을 조직할 수 있음을 보여줄 것이다."(《혁명의 영점》, p. 20).

41 Ibid.

42 Harper, A. and Stronge, W. (eds) *The Shorter Working Week: A Radical and Pragmatic Proposal* (Hampshire: Autonomy, 2019). Available from: autonomy.work/ portfolio/the-shorter-working-week-a-report-from- autonomy-in-collaboration-with-members-of-the-4- day-week-campaign.

43 2016년 OECD 보고서에 따르면 남성의 육아휴직 사용자가 가장 많은 7개국(아이슬란드, 스웨덴, 포르투갈, 노르웨이, 룩셈부르크, 벨기에, 독일) 모두 유급 육아휴직에서 아버지에게만 해당되는 재정 지원 혜택이 있다. OECD, Background Brief on Fathers' Leave and Its Use, March 2016. Available from: oecd.org/backgrounder-fathers-use-of-leave.pdf.

44 19세기 미국의 유물론적 페미니즘 운동에 대한 상세한 분석은 Dolores Hayden, *The Grand Domestic Revolution* (1982)을 보라.

45 가령 장기돌봄센터에 대해서는 다음을 보라. Farruggia, F. et al., *Long Term Care Centres: Making Space for Ageing* (Hampshire: Autonomy, 2020). Available from: autonomy.work/ wp- content/ uploads/ 2020/11/LTCCv7.pdf. 가령 지역사회 개방형 작업공간에 대해서는 다음을 보라. Farruggia, F. et al., *The New Normal: A Blueprint for Remote Working* (Hampshire: Autonomy, 2020). Available from: autonomy.work/2020_OCT26_RWB.pdf.

4장 환경을 위한 시간

1 Soper, K., *Post-Growth Living: For an Alternative Hedonism* (London: Verso, 2020), p. 185.

2 기후변화에 관한 정부 간 패널의 2019년 '배출량 격차' 보고서는 기후행동의 긴박함을 극명하게 보여주었다. 이 보고서는 기온 상승을 최대 1.5°C로 유지한다는 목표를 달성하려면 2020년부터 2030년까지 각국이 매년 배출량을 7.6% 줄여야 하고, 2°C 목표를 달성하려면 매년 2.7%를 줄여야 한다고 결론지었다(IPCC, 2019). 물론 우리 앞에 놓인 환경 문제는 탄소배출량 감축만이 아니다.

3 '역성장'과 '탈성장' 입장에는 때로 차이가 있음을 염두에 둘 필요가 있다. 역성장은 일반적으로 경제활동을 적극적으로 수축시키는 쪽을 지향하는 관점인 반면, 탈성장은 성장에 대해 '불가지론적'인 태도를 취하고 중심을 번영의 다른 척도로 옮기고자 하는 입장이라고 볼 수 있다.

4 D'Alisa, G., Demaria, F., Kallis, G., *Degrowth: A Vocabulary for a New Era* (New York: Routledge, 2015), p. 3.

5 Corlet Walker, C., '"Green growth" is not the solution', CUSP, 2019. Available from: cusp.ac.uk/themes/ aetw/blog-ccw-decoupling-debunked.

6 Philipps, L., 'The Degrowth Delusion', openDemocracy, 2019. Available from: opendemocracy.net/en/oureconomy/ de-

growth-delusion.

7 다음을 보라. Gorz, A., *Capitalism, Socialism, Ecology* (London: Verso, 2012), p. 33.

8 Schneider, F., Kallis, G. and Martinez-Alier, J. 'Crisis or Opportunity? Economic Degrowth for Social Equity and Ecological Sustainability. Introduction to This Special Issue', *Journal of Cleaner Production* 18: 6, 2010, 511-18.

9 Ibid., p. 513.

10 '순환 경제'라는 용어는 환경운동가들뿐만 아니라 자신들의 사업에 친환경 이미지를 덧씌우고자 하는 다양한 기업들 역시 사용한다. 일부 환경에서 순환경제는 특정부문의 막대한 성장을 보장한다는 식으로 이야기된다. 하지만 순환경제모델이 철저하게 이행될 경우, 그러니까 재사용과 수명, 그리고 재활용 원칙을 극대화할 경우 우리가 지금까지 알았던 것과 가까운 어디에서도 성장 시나리오를 상상하기 힘들다. '순환'이라는 표현의 다양한 용법과 남용의 이런 긴장에 대한 소개로는 다음을 보라. Will Jamieson's blog: 'Unfurling the circular economy: separating substance from style', Autonomy, 2020. Available from: autonomy.work/portfolio/circulareconomy.

11 A. Hayden, *Sharing the Work, Sparing the Planet - Work Time, Consumption and Ecology* (London: Zed Books, 1999).

12 Schor, J., *The Overworked American* (New York: Basic Books, 1992).

13 비슷한 규모의 더 앞선 연구에서 나이트 등은 생태 발자국, 탄소 발자국, 이산화탄소 배출량이라는 세 가지 환경 지표를 비교하며 노동시간의 영향을 조사했다. 해당 연구는 고소득 국가의 노동시간은 환경 압력(즉, 위에서 언급한 모든 환경 지표)과의 연관성이 상당하고, 따라서 거시적인 수준에서 노동시간을 줄이는 것이 "환경적 지속가능성을 증진하는 정책의 매력적인 목표가 될 수 있다"는 결론에 도달했다. p. 698, Knight, K. W., Rosa, E. A. and Schor, J. B., 'Could Working Hours Reduce Pressures on the Environment? a Cross-National Panel Analysis of OECD Countries, 1970 -

2007', *Global Environmental Change* 23: 4, 2013, 691 – 700.

14 Fremstad, A., Paul, M. and Underwood, A., 'Work Hours and CO2 Emissions: Evidence from U.S. Households', *Review of Political Economy* 31: 1, 2 January 2019, 42 – 59, doi.org/10.1080/09538259.2019.1592950.

15 이 분리가 정말로 가능한지는 오늘날 논쟁거리다. 다음을 보라. Christie, I., Gallant, B. and Mair, S., 'Growing pain: the delusion of boudless economic growth' (CUSP 2019). Available from: cusp.ac.uk/themes/aetw/blog-growth-delusion.

16 Pollin, R., 'De-Growth vs a Green New Deal', *New Left Review* 112, July – August 2018.

17 Frankel, B., *Fictions of Sustainability: The Politics of Growth and Post-Capitalist Futures* (Melbourne: Greenmeadows, 2018).

18 가령 국회의원 알렉산드리아 오카시오-코르테스는 하원의회에 미국을 위한 그린뉴딜을 제안하는 결의안을 제출했는데, 여기에는 포괄적인 경제개혁 계획으로서 모든 미국 시민을 위한 일자리 보장이 포함된다. (Ocasio-Cortez, A., 'Resolution Recognizing the Duty of the Federal Government to Create a Green New Deal', Resolution presented to the House of Representatives, 2018. Available from: ocasio-cortez.house.gov/sites/ ocasio-cortez.house.gov/files/Resolution per cent20on per cent20a per cent20Green per cent20New per cent-20Deal.pdf. 영국에서는 노동당이 2019년 선언문에서 '녹색산업혁명'의 소관하에서 진행하는 그린뉴딜을 제안했다. 경제학자 야니스 바루파키스는 한 발 더 나아가 생산, 혁신, 배상이라는 범주하에서 환경정의와 사회정의 실현을 목표로 하는 국제 그린뉴딜을 제안했다. 다음을 보라. Varoufakis, Y. and Adler, D., 'It's time for nations to unite around an International Green New Deal', *The Guardian*, 2019) Available from: theguardian.com/commentisfree/2019/apr/23/international-green- new- deal- climate- change- global- response.

19 Friedman, T., 'A Warning from the Garden', *The New York Times*, 2007. Available from: nytimes.com/2007/ 01/19/opinion/19friedman.html.

20 Pettifor, A., *The Case for the Green New Deal* (London: Verso, 2019).

21 Elliott, L. et al., *A Green New Deal: Joined-up Policies to Solve the Triple Crunch of the Credit Crisis, Climate Change and High Oil Prices*. (London: New Economics Foundation, 2008). Available from: neweconomics. org/uploads/files/8f737ea195fe56db2f_xbm6ihwb1. pdf.

22 Ibid., p. 1.

23 Pettifor, *The Case for the Green New Deal*, p. 7.

24 우리가 보기에 그린뉴딜은 그것이 결별해야 하는 부류의 자본주의와 그 이데올로기, 즉 산업주의에 너무 가까워질 위험이 있다.

25 Duncombe and Marsden, 'Women's "Triple Shift"', p. 30.

26 Harper and Stronge, *The Shorter Working Week*.

27 일자리 보장은 대서양 건너편 영국에서도 노동당의 '그린뉴딜'의 일환으로, 또한 코로나 회복을 위한 제안으로 선택받았다(TUC, 'Workers in the UK').

28 Aronoff, K., Battistoni, A., Aldana Cohen, D. and Riofrancos, T., *A Planet to Win: Why We Need a Green New Deal* (London: Verso, 2019), p. 88.

29 Ocasio-Cortez, 'Recognizing the Duty of the Federal Government'.

30 Pettifor, A., *The Case for the Green New Deal* (London: Verso, 2019), p. 99.

31 Ibid.

32 Ibid., p. 100.

33 Peck, J., *Workfare States* (New York: Guildford Press, 2001).

34 일자리 보장에 대한 다른 비판으로는 다음을 보라. Standing, G., 'Why a Job Guarantee is a bad joke for the precariat – and for freedom', openDemocracy, 2018. Available from: neweconomics. opendemocracy.net. 그리고 Sligar, D. and Sturgess, H., 'Would

a job guarantee be Work for the Dole 2.0?', *Inside Story*, 2020. Available from: insidestory.org.au.

35 Lele, S., 'Environment and Well-Being: A Perspective from the Global South', *New Left Review* 123, May – June 2020.

36 Ibid., pp. 42 – 5.

37 Jackson, T., and Victor, P., 'Productivity and Work in the "Green Economy": Some Theoretical Reflections and Empirical Tests', *Environmental Innovation and Societal Transitions* 1: 1, 2011, 101 – 8, doi.org/10.1016/j.eist.2011.04.005.

38 Aronoff et al., *A Planet to Win*. 이 저자들은 그린뉴딜을 옹호하는 주장을 펼칠 때 우리가 여기서 그러듯 원조 뉴딜 역시 근거로 삼는다.

39 Ibid., p. 7.

40 Ibid., p. 91.

41 Ibid., p. 89.

42 소비주의와 그에 대한 불만에 대한 케이트 소퍼의 연구 역시 비슷한 주제를 건드린다. 다음을 보라. Soper, K, 'Alternative Hedonism, Culture Theory and the Role of Aesthetic Revisioning', *Cultural Studies*, 22: 5, 2008, 567 – 7; and 'The interaction of policy and experience: an "alternative hedonist" optic', in: M. Koch and O. Mont, eds. *Sustainability and the Political Economy of Welfare* (London: Routledge, 2016) pp. 186 – 200. 최근작 *Post-Growth Living: For an Alternative Hedonism* (London: Verso, 2020)에서 케이트 소퍼는 전자기기, '패스트 패션', 건강하지 않은 소비 습관에 대한 중독과의 관계를 단절하기 위해 폭넓은 욕망의 방향을 전환하는 '대안적 쾌락주의'를 옹호하는 주장을 펼친다.

43 Aronoff et al., *A Planet to Win*, p. 92.

5장 주당 노동시간 단축 투쟁

1 Bookchin, M., *The Ghost of Anarcho-Syndicalism* (1992). Available from: dwardmac.pitzer.edu/anarchist_archives/bookchin/ghost2.html.

2 IMF, 'Kurzarbeit: Germany's Short-Time Work Benefit', 2020. Available from: imf.org/en/News/Articles/ 2020/06/11/na061120-kurzarbeit-germanys-short- time-work-benefit.

3 Hunnicutt, B., *Work Without End: Abandoning Shorter Hours for the Right to Work* (Philadelphia: Temple University Press, 1988).

4 영국 정부의 코로나 19 휴가프로그램과 그 외 새로운 조치에도 분명 비슷한 부분이 있다. 2020년 4월 보수당 각료인 이언 던컨 스미스는 보편기본소득 도입에 반대하는 주장을 펼쳤다. 그것이 "노동 의욕을 꺾을" 수 있다는 이유에서였다. 이런 반응은 새로운 복지수단과 노동관행의 경험이 여론을 바꿀지 모른다는 하원의원 내부의 공통된 두려움을 대변한다. 코로나 이후 '정상'으로 돌아가기는 가장 시급한 과제가 되었고, 심지어 이와 관련된 건강에 대한 유명한 고려사항을 거스르기도 했다. 다음을 보라. 'Coronavirus: Iain Duncan Smith says don't bring in universal basic income during pandemic as it would be 'disincentive to work', *Independent*, 2020. Available from: independent.co.uk/news/uk/politics/coronavirus- uk-update-universal-basic-income-iain-duncan-smith- a9411251.html.

5 Hunnicut, *Work Without End*, p. 46.

6 Jones, 'What Can 19th Century Labour Activists Teach Us?'.

7 《가디언》과의 인터뷰에서 멸종반란의 설립자 중 한 명인 로저 할람Roger Hallam은 대량 체포에 관한 전략적인 접근법의 논리를 개괄한다. "오직 혼란, 법 위반을 통해서만 필요한 주목을 얻을 수 있다. (…) 오직 희생—기꺼이 체포되어 감옥에 가도 좋다는 의지—을 통해서만 사람들은 우리가 하는 말을 진지하게 여긴다. 그리고 (…) 오직 우리 자신, 대중, 경찰에게 공손함을 통해서만 우

리는 적들의 마음을 움직인다." Available from: theguardian.com/comment isfree/2019/may/01/extinction-rebellion-non-violent- civil-disobedience.

8 멸종반란의 전략적 접근법에 대한 직접적인 비판은 다음을 보라. 'The Climate Crisis Deserves More Than Blocking Roads, Extinction Rebellion', *The Guardian*, 2018. Available from: theguardian.com/ commentisfree/2018/nov/26/climate-crisis-blocking-roads-extinction-rebellion-labour; and an 'Out of the Woods' blog post entitled: 'Extinction Rebellion: Not the Struggle We Need Part. 1', 2019. Available from: libcom.org.

9 오늘날에도 여성파업컬렉티브처럼 이와 유사한 이니셔티브들이 있다. womenstrike.org.uk.

10 Perez, C., *Invisible Women: Exposing Data Bias in a World Designed for Men* (London: Chatto & Windus, 2019), p. 69.

11 Ibid., p. 70.

12 Frey, P. and Schneider, C., *The Shorter Working Week: A Powerful Tool to Drastically Reduce Carbon Emissions* (Hampshire: Autonomy, 2019). Available from: autonomy.work.

13 Skidelsky, R., *How to Achieve Shorter Working Hours* (London: Progressive Economy Forum, 2019). Available from: progressiveeconomyforum.com/wp-content/uploads/2019/08/PEF_Skidelsky_How_to_achieve_shorter_working_hours.pdf.

14 Scott, P. and Spadavecchia, A., 'Did the 48-Hour Week Damage Britain's Industrial Competitiveness?', *Economic History Society* 64: 4, 2011, 1266-88, at 1269.

15 TUC, 'The TUC Workplace Manual 2016', 2016. Available from: tuc.org.uk/resource/tuc-workplace- manual-2016, p. 1.

16 Bangham, G., *The Times They Aren't a-Changing*, p. 3.

17 ETUI, 2016, cited in Skidelsky, R., *How to Achieve Shorter Working Hours*, p. 22.

18 National Statistics, 'Trade Union Membership, UK 1995-2019:

Statistical Bulletin', 2019. Available from: assets.publishing.service.gov.uk, p. 5.

19 Ibid., p. 18.

20 Martin, A. and Quick, A., *Unions Renewed: Building Power in an Age of Finance* (Cambridge: Polity Press, 2020).

21 Ibid., p. 130.

22 Callinan, K., 'General Secretary, Fórsa 4-Day Week Ireland Launch Thursday 26th September 2019', Fórsa, 2019. Available from: forsa.ie.

23 Harper, A., 'Achieving a Shorter Working Week Across Europe, Newsletter of the European Network for the Fair Sharing of Working Time', New Economics Foundation, 2020. Available from: neweconomics.org/ uploads/files/workingtime-newsletter5.pdf.

24 Martin and Quick, *Unions Renewed*, p. 131.

25 Eaton, G., 'Corbynism 2.0: the radical ideas shaping Labour's future', *New Statesman*, 2018. Available from: newstatesman.com/politics/uk/2018/09/corbynism-20-radical-ideas-shaping-labour-s-future.

26 총선 패배, 그리고 브렉시트와 지도자로서 인기가 없었던 코빈이 거기에 어떻게 기여했는지에 대한 상세한 분석은 다음을 보라. Paul Mason's 'The Left, The Party & The Class: An Essay on the Future of the Labour Left'. Available from: medium.com/@paulmasonnews/the-left-the-party-and-the-class-1ca7b6a959e6.

27 Eaton, G., 'Why Labour lost – and how it can recover from an epic defeat', *New Statesman*, 2019. Available from: newstatesman.com/politics/uk/2019/12/why-labour-lost-and-how-it-can-recover-epic-defeat.

28 ONS, 'Total Wealth in Great Britain'; OECD, 'Income Inequality', 2020. Available from: data.oecd.org/inequality/ income-inequality.htm.

29 Survation, 'UK polling: 63 per cent support government exploring the idea of a four-day week', Autonomy, 2020. Available from: autonomy.work/portfolio/4day weekpolling.

30 Survation, 'Polling of UK business leaders: 79 per cent are supportive of a four-day working week', Autonomy, 2020. Available from: autonomy.work/portfolio/ business4daypolling.

31 Andrews, K., 'Coronavirus in Scotland: Nicola Sturgeon calls for four-day week as she eases lockdown', *The Times,* 2020. Available from: thetimes.co.uk/ article/coronavirus-in-scotland-nicola-sturgeon- calls- for- four- day- week- as- she- eases- lockdown- 782cbnl6k.

32 주 4일 노동을 지지하는 아던과 마린에 대한 미디어의 보도는 각각 다음에서 볼 수 있다. theguardian. com/world/2020/may/20/jacinda-ardern-flags-four-day-working-week-as-way-to-rebuild-new-zealand-after-covid-19 그리고 lbc.co.uk/news/finlands-prime-minister-sanna-marin-proposes-four.

33 노동시간 단축에 대한 샌더스의 열린 태도는 다음 뉴스보도에서 확인할 수 있다.: businessinsider. com/4-day-workweek-for-americans-bernie-sanders- 2020-campaign-2019. 알렉산드리아 오카시오-코르테스는 팔로워에 대한 인스타그램 포스트에서 주 4일 노동의 장점과 2030년 주 15시간 노동을 예상했던 케인스의 말을 언급했다(안타깝게도 케인스의 이름을 잘못 적었다). 그 영상은 다음에서 확인할 수 있다. youtube.com/watch?v=76ULz-CyzCqs.

34 Orihuela, R., 'Spain's Government Is Studying a Four- Day Work Week', Bloomberg, 2020. Available from: bloomberg.com/news/articles/2020-12-03/spain- government-studying-4-day-work-week-deputy-pm- tells-rtve.

35 Stone, J., 'Spain's left-wing government could help companies switch to four-day working week', *The Independent*, 2020. Available from: independent. co.uk/news/uk/politics/four-day-week-

spain-valencia-autonomy-b1761163.html.

36 선거 시기에 자유민주당 대표였던 조 스윈슨은 2019년 총선에서 코빈이 당수였던 노동당과 그 어떤 공식적인 약속도 하지 않겠다고 거절했다. 다음을 보라. Mason, R., 'Jo Swinson rules out Lib Dem pact with Labour under Jeremy Corbyn', The Guardian, 2019. Available from: theguardian.com/politics/2019/jul/23/jo-swinson-rules-out-lib-dem-pact-with-labour-under-jeremy-corbyn. 녹색당 역시 결국 노동당이 그 의석을 놓치고 보수당에게 그 자리가 넘어갈 공산이 크다는 걸 알면서도 승산이 거의 없는 자리에 후보자를 세웠다. 다음을 보라. Boobyer, L., 'Political rivals boo and shout "shame" at Green Party candidate Molly Scott Cato during speech', GloucestershireLive, 2019. Available from: gloucestershirelive.co.uk/news/gloucester-news/political-rivals-boo-shout-shame-3640317.

37 Gilbert, J., *Twenty-First Century Socialism* (Cambridge: Polity Press, 2020), p. 85.

38 Ibid.

39 이런 의미에서 (실패 와중에도) 코비니즘의 성공 중 하나는 몇 세대만에 처음으로 노동시간 단축을 주류(그리고 선언문 속)에 포함시킨 것이었다. 이는 이 사안의 정치적 중요성의 완결점이라기보다는 시작점일 것이다.

오버타임 펀딩 참여자 명단

가나다순

강진영
구형민
권기현
권지원
권혁준
김건
김민영
김범수
김세희
김예지
김일신
김정희
김종훈
김주리
김행선
도진호
박성열
박수희
박종욱
손민규
송차희
심경보
오주영
오주형

용용이
우현권
원영현
이상현
이상현
이소희
이승환
이예원
이유진
이정신
이혜재
이호석
임경훈
임혁
정동윤
정동환
정지영
정현민
정혜영
조현수
조혜정
현명하
현재민
홍정수

외 무기명 33분

참여해주셔서 감사합니다.